ZHONGGUO TESE
JIANPIN DAOLU

中国特色减贫道路

黄承伟 王晓毅 等/著

中国文联出版社

图书在版编目（CIP）数据

中国特色减贫道路 / 黄承伟，王晓毅著． -- 北京：中国文联出版社，2021.12
　ISBN 978-7-5190-4618-7

Ⅰ．①中… Ⅱ．①黄… ②王… Ⅲ．①扶贫－研究－中国 Ⅳ．①F126

中国版本图书馆CIP数据核字（2021）第274540号

著　　者　黄承伟　王晓毅　等
责任编辑　胡　笋
责任校对　吉雅欣
封面设计　诗　御

出版发行　中国文联出版社有限公司
社　　址　北京市朝阳区农展馆南里10号　　邮编　100125
电　　话　010-85923025（发行部）　　010-85923091（编辑部）
经　　销　全国新华书店等
印　　刷　北京市庆全新光印刷有限公司

开　　本　710毫米×1000毫米　　1/16
印　　张　11.5
字　　数　200千字
版　　次　2021年12月第1版第1次印刷
定　　价　52.00元

版权所有·侵权必究
如有印装质量问题，请与本社发行部联系调换

目 录

导 读 ... 1

第一章　导论：中国特色减贫道路 ... 3

一、中国减贫的历史性成就 ... 4
二、中国减贫曲折的探索进程 ... 9
三、中国减贫道路的形成发展 ... 14
四、中国特色减贫道路的时代特征与历史意义 ... 17
五、中国减贫道路的世界意义 ... 20

第二章　消除贫困：中国共产党的初心和使命 ... 23

一、中国共产党的初心使命 ... 24
二、党在减贫中的领导地位 ... 26
三、打赢脱贫攻坚战 ... 29
四、巩固拓展脱贫攻坚成果的根本保障 ... 34

第三章　集中力量：政府主导的减贫 ... 37

一、政府主导的基础 ... 38
二、政府主导的主要内容 ... 40

三、政府主导的实现路径　　45
　　四、政府主导的挑战与应对　　50

第四章　聚焦贫困：从区域扶贫到精准扶贫　　55
　　一、区域扶贫与到村到户　　56
　　二、精准扶贫：靶向瞄准　　61
　　三、精准脱贫：因人施策　　67
　　四、贫困治理的中国经验　　70

第五章　社会动员：大扶贫格局　　73
　　一、构建大扶贫格局的基础　　74
　　二、大扶贫格局政策的演进　　78
　　三、大扶贫格局的实践创新　　80
　　四、大扶贫格局的效果意义　　85

第六章　内生动力：扶贫同扶志扶智结合　　89
　　一、内生发展动力和能力　　90
　　二、激发内生动力的政策举措　　97
　　三、激发内生动力的经验启示　　105

第七章　资金保障：增加投入和强化监管　　109
　　一、由"大水漫灌"到"精准滴灌"　　110
　　二、精准投入与使用　　114
　　三、服务精准脱贫的监管　　122
　　四、资金保障的不断创新　　125

第八章　考核评估：制度设计与实践　　129
一、考核与评估制度的演变历程　　130
二、考核评估的创新　　132
三、考核评估的经验启示　　139

第九章　交流分享：减贫中的国际合作　　145
一、中国减贫与全球反贫困　　146
二、减贫国际合作的历史脉络　　148
三、不同主体的国际减贫合作　　155
四、国际减贫合作的方式　　157
五、国际减贫合作的启示与展望　　159

第十章　展望：迈向共同富裕　　163
一、决战决胜脱贫攻坚　　164
二、巩固拓展脱贫攻坚成果同乡村振兴有效衔接　　170
三、迈向共同富裕　　172

后　记　　177

导　读

本书从扶贫过程和政策实践两个维度描述中国特色减贫道路，总结中国特色减贫道路的主要特点及成功经验，分析中国特色减贫道路的影响和意义。全书共分十章，全面阐述了中国特色减贫道路的理论与实践。

第一章对中华人民共和国成立以来的减贫历程做了阐述，概括地分析了中国特色减贫道路的政策和实践，特别是总结了党的十八大以来形成的减贫领域的中国经验。

第二章阐述了消除贫困是中国共产党的历史使命，加强党的领导是中国特色减贫道路成功的保障。在实施精准扶贫和精准脱贫中，各级党组织得到加强，发挥了领导作用。

第三章阐述了中国特色减贫道路的重要特征之一是政府主导，各级政府是精准扶贫精准脱贫的决策者和实施者，政府主导的减贫实现了有效的动员资源，保障了减贫的力度。

第四章阐述了中国减贫中与经济发展阶段相适应的目标瞄准机制，扶贫标准不断提高，目标不断精准，措施更加有针对性，并最终形成精准扶贫的策略。

第五章阐述了中国大扶贫的格局。通过部门、地区间的合作，以及政府、市场和社会的协调，广泛动员社会各方资源，发挥各自优势，形成了广泛参与的中国大扶贫格局。

第六章分析了在中国减贫实践中如何提升贫困户内生动力和能力，通过激发贫困户内生动力，提升贫困农户的能力和创造贫困户脱贫的制度环境，精准扶贫提升了贫困户的自我发展能力。

第七章分析扶贫资金的动员和监管。随着中国经济发展，政府投入的财政扶贫资金不断增加，同时金融和社会资金也被广泛动员用于扶贫事业，在扶贫资金大量增加的同时，中国也制定了最为严格的资金使用和管理制度，从而保证管好用好扶贫资金。

第八章分析了扶贫的评估考核制度。为了提升扶贫效果，保证脱贫质量，通过政府系统内部的考核和检查、社会监督和第三方评估，中国建立了严格的考核和评估制度，保障了脱贫质量。

第九章阐述了在减贫领域中国与国际社会的相互学习和相互支持。改革开放以来，中国的减贫事业得到了国际社会的广泛支持和帮助，中国在取得减贫成绩的同时，也支持了发展中国家的减贫行动，并为国际社会减贫提供了中国经验。

第十章对中国在实现消除农村绝对贫困以后，对中国特色减贫道路的走向提出一些设想。精准扶贫仍然是减贫的最重要经验。在乡村振兴和解决相对贫困问题中，仍然需要精准的政策设计。

第一章

导论：
中国特色减贫道路

消除贫困，自古以来就是人类不懈追求的理想。中国共产党人的初心和使命，就是为中国人民谋幸福，为中华民族谋复兴。中国共产党自成立时起，就以消灭剥削、实现共产主义作为奋斗目标，始终把保障和改善民生作为执政的重要指向。作为世界上最大的发展中国家，中国一直是世界减贫事业的积极倡导者和有力推动者。改革开放40多年特别是党的十八大以来，我国开启了人类历史上最为波澜壮阔的减贫进程，谱写了人类反贫困历史的崭新篇章。新中国成立以来，中国共产党和中国政府始终高度重视扶贫开发工作，带领人民为消除贫困作出了巨大努力。改革开放以来，中国持续开展以农村扶贫开发为中心的国家减贫行动。党的十八大以来，以习近平同志为核心的中共中央，把贫困人口脱贫作为全面建成小康社会的底线任务和基本标志，明确目标任务，确定精准扶贫基本方略，动员全国全党全社会打响脱贫攻坚战。党的十九大把精准脱贫作为决胜全面建成小康社会必须打好的三大攻坚战之一，作出了新的部署。70多年来，中国扶贫开发成就举世瞩目，在发展中国家中，只有中国实现了快速发展和大规模减贫同步，到2020年历史性地解决了绝对贫困问题，14亿人迈向全面小康，而且形成了中国特色脱贫攻坚制度体系，走出了一条中国特色减贫道路，书写了人类历史上"最成功的脱贫故事"，对人类发展事业做出了伟大贡献。

一、中国减贫的历史性成就

新中国成立以后，扶贫开发始终是中国共产党和中国政府的重大任务。无论是在社会主义革命和建设时期、改革开放和社会主义现代化建设时期，还是中国特色社会主义新时代，在不同的历史时期，确定不同的扶贫战略，制定相应的政策体系，不断推进扶贫开发道路的发展，扶贫开发不断取得新成就。特别是改革开放以来，以当时的农村贫困标准衡量，中国农村贫困人口从1978年末的2.5亿人减少到1985年末的1.25亿人；农村贫困发生率从1978年末的30.7%下降到1985年末的14.8%。若以现行农村贫困标准衡量，农村贫困人口从1978年末的7.7亿人减少到1985年末的6.6亿人，农村贫困发生率从1978年末的97.5%下降到1985年末的78.3%。

1982年，国家启动"三西"（甘肃定西、河西，宁夏西海固）专项扶贫计划，开始了有组织有计划的大规模扶贫行动。1986年，国家制定扶贫标准，成立扶贫工作机构，设立专项扶贫资金，划定重点扶持区域，确立开发式扶贫方针。1994年以来，国家先后颁布实施《国家八七扶贫攻坚计划（1994—2000年）》和两个十年（2001—2010年、2011—2020年）的农村扶贫开发纲要，不断提高国家扶贫标准，持续推进扶贫开发工作，农村贫困程度进一步减轻，贫困人口继续大幅减少。以现行农村贫困标准衡量，2012年末我国农村贫困人口9899万人，比1985年末减少5.6亿多人，下降了85.0%；农村贫困发生率下降到10.2%，比1985年末下降了68.1个百分点。

党的十八大以来，以习近平总书记提出精准扶贫为起点，以党的十八届五中全会和中央扶贫开发工作会议为标志，中国扶贫开发进入脱贫攻坚新阶段。中央明确，到2020年，现行标准下农村贫困人口实现脱贫、贫困县全部摘帽、解决区域性整体贫困。全面部署和实施精准扶贫精准脱贫方略，出台财政、金融、土地、交通、水利、电力、健康、教育等一系列超常规政策举措，建立脱贫攻坚责任体系、政策体系、投入体系、动员体系、监督体系、考核体系，提供全方位制度保障。全面打响了脱贫攻坚战，扶贫工作取得历史性成就。

1. 脱贫攻坚实现了显著减贫成效

一是脱贫攻坚创造了历史上最好的减贫成绩。按现行农村贫困标准，2013—2020年中国农村减贫人数分别为1650万人、1232万人、1442万人、

1240万人、1289万人、1386万人、1109万人、551万人。脱贫攻坚八年来，经过全党全国各族人民共同努力，中国脱贫攻坚战取得了全面胜利，现行标准下9899万农村贫困人口全部脱贫，平均每年1000多万人脱贫，相当于一个中等国家的人口。832个贫困县全部摘帽，12.8万个贫困村全部出列，区域性整体贫困得到解决，完成了消除绝对贫困的艰巨任务，创造了彪炳史册的人间奇迹！

二是彻底解决了绝对贫困问题。中国始终坚持开发式扶贫方针，引导和支持所有有劳动能力的贫困人口依靠自己的劳动摆脱贫困。贫困人口收入水平显著提高，2013年至2020年，贫困地区农民人均可支配收入由6079元增加到12588元，年均增长11.6%，比同期全国农民人均可支配收入增幅高2.3个百分点。2000多万贫困患者得到分类救治，曾经被病魔困扰的家庭挺起了生活的脊梁。近2000万贫困群众享受低保和特困救助供养，2400多万困难和重度残疾人拿到了生活和护理补贴。110多万贫困群众当上护林员，守护绿水青山，换来了金山银山。全部实现"两不愁三保障"，脱贫群众不愁吃、不愁穿，义务教育、基本医疗、住房安全有保障，饮水安全也都有了保障。

三是明显改善了贫困地区基本生产生活条件。贫困地区群众出行难、用电难、上学难、看病难、通信难等长期没有解决的老大难问题得到历史性解决，义务教育、基本医疗、住房安全有了保障。具备条件的建制村全部通硬化路，村村都有卫生室和村医，义务教育薄弱学校的办学条件全部得到改善，义务教育阶段建档立卡贫困家庭辍学学生实现动态清零。具备条件的乡镇和建制村全部通硬化路、通客车、通邮路。新改建农村公路110万公里，新增铁路里程3.5万公里。贫困地区农网供电可靠率达到99%，大电网覆盖范围内贫困村通动力电比例达到100%，贫困村通光纤和4G比例均超过98%。790万户、2568万贫困群众的危房得到改造，累计建成集中安置区3.5万个、安置住房266万套，960多万人"挪穷窝"，摆脱了闭塞和落后，搬入了新家园。许多乡亲告别溜索桥、天堑变成了通途，告别苦咸水、喝上了清洁水，告别四面漏风的泥草屋、住上了宽敞明亮的砖瓦房。28个人口较少民族全部整族脱贫。

2.脱贫攻坚产生巨大影响

一是明显加快了贫困地区经济社会发展进程。中国坚持以脱贫攻坚统揽贫困地区经济社会发展全局,贫困地区发展步伐显著加快,经济实力不断增强,基础设施建设突飞猛进,社会事业长足进步,贫困地区呈现出新的发展局面。特别是特色产业不断壮大,产业扶贫、电商扶贫、光伏扶贫、旅游扶贫等较快发展,贫困地区经济活力和发展后劲明显增强。通过生态扶贫、易地扶贫搬迁、退耕还林还草等,贫困地区生态环境明显改善,贫困户就业增收渠道明显增多,基本公共服务日益完善。

二是明显提升了贫困治理能力。中国共产党推进抓党建促脱贫攻坚,通过组织开展贫困识别、精准帮扶、贫困退出,基层组织建设得到加强,基层党组织的战斗堡垒作用和共产党员的先锋模范作用得到充分发挥,农村基层党组织凝聚力和战斗力明显增强,农村基层治理能力和管理水平明显提高,党群干群关系更加密切,巩固了党在农村的执政基础。截至2020年2月底,全国共派出25.5万支驻村工作队、累计选派290多万名县级以上党政机关和国有企事业单位干部到贫困村和软弱涣散村担任第一书记或驻村干部,同时在岗91.8万人,特别是青年干部了解了基层,学会了做群众工作,在实践锻炼中快速成长。在2020年初突发的新冠肺炎疫情中,贫困地区基层干部展现出较强的战斗力,许多驻村工作队拉起来就是防"疫"队、战"疫"队,呈现了干部经受脱贫工作历练的成果。

三是明显促进了全社会合力攻坚良好局面的形成。东西部扶贫协作,产生了助力西部地区脱贫攻坚和区域协调发展的效果。定点扶贫畅通了党政军机关特别是中央国家机关了解农村与贫困地区的渠道,推进了干部作风转变,成为锻炼培养干部的重要平台。贫困人口积极参与脱贫攻坚过程,在扶贫脱贫中提高了自我发展能力。"三位一体"大扶贫格局的形成,既有利于弘扬中华民族扶贫济困的优良传统,也有助于在全社会培育向上向善的社会氛围,充分彰显社会主义核心价值观的凝心聚力作用。

3. 脱贫攻坚产生了多重溢出效应

一是构建了中国特色脱贫攻坚制度体系。包括与"中央统筹、省负总责、市（地）县抓落实"体制机制相适应，在各负其责基础上的合力脱贫攻坚责任体系；针对多维致贫因素、形成政策"组合拳"的政策体系；确保扶贫投入力度与打赢脱贫攻坚战要求相适应的投入体系；发挥社会主义制度集中力量办大事的优势社会动员体系；确保中央决策部署落地落实的督查体系；体现最严格的考核评估要求，确保真扶贫、扶真贫、真脱贫的考核体系。脱贫攻坚制度体系的形成和不断完善，为打赢脱贫攻坚战提供了坚实的制度支撑和保障。

二是创新完善了精准扶贫的工作机制。为解决好"扶持谁"的问题，通过精准识别贫困村和贫困户，进行建档立卡，在此基础上进一步通过"回头看"机制甄别和调整建档立卡的贫困户，不断提高贫困识别的准确率。为解决好"谁来扶"的问题，在全国范围内累计有300多万驻村干部和第一书记是从国有企事业单位和县级以上党政机关选派，进行驻村帮扶，解决了精准扶贫"最后一公里"的问题。为解决好"怎么扶"的问题，坚持因人因地制宜的原则，针对贫困地区全面实施"五个一批"工程，保证精准扶贫扶到点上、扶到根上。为解决好"如何退"的问题，中央对贫困县、贫困村以及贫困人口的退出标准和程序做了明确的规定，各个地区进一步科学合理地制订了脱贫年度计划和滚动规划，通过第三方评估，对拟退出的贫困县进行全面考察。同时，保持相关扶贫政策的稳定性，保证摘帽不摘政策，促进贫困地区脱贫的稳定性和可持续性。

中国扶贫开发的伟大成就，为实现经济较快增长与大规模减贫同步、有效避免掉入"中等收入陷阱"作出了重要贡献，贫困人口共享改革发展成果，彰显了中国共产党领导和社会主义制度的政治优势，增强了我们的道路自信、理论自信、制度自信和文化自信，有力促进了国家贫困治理体系和治理能力现代化。

二、中国减贫曲折的探索进程

中国特色减贫道路是中国共产党带领中国人民立足国情,适应贫困演变规律,在不同的历史时期实施不同的战略政策,在不断的实践探索中逐步形成发展的。

第一阶段,1949—1977年,是社会主义革命和建设时期。中国减贫实施计划经济体制下的广义扶贫战略。新中国成立以后,中国共产党首先领导人民实行土地改革,对农业、手工业和资本主义工商业进行社会主义改造,开展大规模的社会主义建设。社会主义制度建立、国民经济发展,为从根本上解决中国的贫困问题提供了最基本的制度保证和物质保障。通过大规模的基础设施建设,初步建立起农村供销合作及信用合作系统,形成以"五保"制度和特困群体救济为主的基本社会保障体系,新中国第一次在全国范围内减少了农村贫困现象。

这一时期扶贫开发的战略及政策措施:一是为缓解普遍的绝对贫困提供基本条件,通过在全国范围内开展大规模的基础设施建设、农田水利建设,广大农村灌溉设施和交通条件得到明显改善。同时,加强农村科技服务网络建设。基本覆盖全国所有农村乡镇的农业技术推广服务网络系统,为贫困地区贫困人口提高生产力提供了技术支撑。二是通过全国性农村合作信用体系建设,改善农村金融服务,缓解贫困。三是大力发展农村基础教育和基本医疗保障事业,通过建设农村小学校和乡村卫生所,实施免费教育和乡村合作医疗、"赤脚医生"等政策措施,为农村人口发展提供了有力的保障。四是初步建立最基本的农村社会保障体系,这一体系与当时的国家财力及发展水平相适应,主要是社区五保制度和农村特困人口救济政策两个方面。这一时期的扶贫战略及政策具有以下突出特点:一是基础性,从基础设施、公共服务及金融、科技服务等为缓解贫困提供基础性条件;二是普惠性,大部分政策措施针对的是所有农村地区;三是效率不高,特别是人民公社运动严重挫伤了农民劳动积极性,生产效率低下。

20世纪50—70年代,城乡居民生活有所改善,但农村贫困问题始终突出。按照2010年标准,1978年末中国农村贫困人口7.7亿人,农村贫困发生率高达97.5%。20世纪50—60年代普遍性绝对贫困不仅没有缓解,还一度出现了农村大范围饥荒。这一时期,扶贫战略呈现为救济式扶贫,也就是自上而下建立完善全国性民政救济系统,重点对边远落后地区、因灾致贫人口和战争伤残人口实施"输血式"生活救济。这种救济式扶贫战略,最大的好处就是以救济方式满足贫困人口临界生存的保障性需要,其不足就是难以提高贫困人口的发展能力,也无法从根本上摆脱贫困,就是所谓"救急不救穷"。

第二阶段,1978—1985年,中国减贫实施农村经济体制变革推动减贫的战略。这一战略实施的宏观背景是中国开始实施改革开放政策。改革首先从农村开始,最主要的政策措施就是以解放农村生产力为目的,推行以家庭承包经营为基础、统分结合的双层经营体制,实施提高农产品价格、发展农村商品经济等配套改革。农村经济体制的深刻变革,促进了中国农村经济的超常规增长,从而使贫困人口急剧减少。这一阶段的扶贫战略政策可以理解为制度减贫,也就是通过建立和完善具有缓解贫困作用的农村制度实现减贫。这些制度主要包括农村土地制度、市场制度以及就业制度、农村金融组织发展制度、劳务输出制度等。制度改革释放的效能,不仅促进了农村经济的快速增长,而且带动了绝对贫困人口的大幅度减少。在这一时期,由于自然、历史等多种致贫因素逐渐显现,中国政府及其有关单位制定相应的扶贫政策,开展一系列帮困活动。其主要目的是支持经济发展明显落后、贫困人口较为密集的地区加快脱贫进程。其中,1982年国家启动实施"三西农业建设计划",这实际上是中国专项扶贫计划雏形,是有组织、有计划、大规模扶贫开发的序幕。1984年国家实施的以工代赈,其目的主要是改善贫困地区的基础设施,帮助贫困地区和贫困人口形成生产条件。其主要作用机制是救济对象通过参加必要的社会工程建设获得赈济金或赈济物,即贫困人口要通过出工投劳来获得救济。国家出台了一系列改善农村教育的社会政策,旨在通过加强农村教育,促进农村物质条件改善和农村人力资源开发相结合。1984年9月,中共中央和国务院联合发布了《关于帮助贫困地区尽快改变面貌的通知》，这是中国开展有计划扶贫的基础性文件，标志着国家实施专项扶贫工作的探索全面开始。这一时期扶贫战略政策的主要特点：一是制度改革释放活力，以生产率的提高带动和促进减贫；二是注重人力资源开发对减贫的重要作用，发展农村教育、实施以工代赈项目为开发式扶贫方针形成提供了实践；三是"三西"农业建设为区域扶贫开发开展实验。

第三阶段，1986—1993年，中国减贫实施区域开发式扶贫战略。这一时期中国的贫困问题呈现三大特征。一是贫困人口区域集中。贫困人口主要分布在"老、少、边、穷"地区。二是区域性贫困与群体性贫困并重。农村区域发展不平衡问题开始凸显，特别是老少边远地区的经济、社会和文化发展水平开始较大落后于沿海发达地区，成为"需要特殊对待的政策问题"。三是贫困问题的综合性突出。区域性贫困以及分布在贫困区域的贫困人口规模大、致贫原因复杂，有组织大规模的帮扶需求明显。与这些特点相适应，中国政府实施区域开发式战略：（1）把扶贫开发纳入国家发展总体规划，明确把解决大多数贫困地区贫困人口的温饱问题作为中国政府扶贫工作的长期目标。1986年4月第六届全国人民代表大会第四次会议通过的《中华人民共和国国民经济和社会发展第七个五年计划》，将"老、少、边、穷地区的经济发展"单列一章。（2）中央政府成立专门扶贫机构——国务院贫困地区经济开发领导小组及其办公室，原来的道义式扶贫转向制度性扶贫，农村扶贫开发逐步实现规范化、机构化、制度化，并进行机构安排。这一时期扶贫战略政策的最主要特点集中体现在两个关键词上。一是"区域发展带动"。战略政策制定的重点就是以区域开发带动扶贫。在实践过程中，一些贫困地区开发式扶贫从"促进区域经济增长带动扶贫"战略演变为"贫困地区工业化项目投资"战略。实践证明，这种方式总体上有利于县域经济的发展，但缺乏与贫困农户的直接联系。二是"开发式扶贫"。强调扶贫开发要注重开发贫困人口的人力资源，把物质资源开发和贫困群众开发利用资源、市场的能力集合起来。总体而言，尽管这一时期的措施发挥了一定效果，但由于同期农村经济增速减缓，加之剩余贫困人口脱贫难度增加，与前一时期相比，这一时期贫困人口下降速度有所减缓，返贫现象有所增加。

第四阶段，1994—2000年，中国减贫实施综合性扶贫攻坚战略。这一时期扶贫战略政策的主要内容和特点体现在三个方面：一是国务院1994年4月颁布《国家八七扶贫攻坚计划（1994—2000年）》。这是有明确目标、任务、一揽子扶贫政策措施的国家级扶贫计划。明确要求集中人力、物力、财力，用7年左右的时间，基本解决8000万农村贫困人口的温饱问题。提出以贫困村为基本单位，以贫困户为主要工作对象，以扶持贫困户创造稳定解决温饱的条件（如发展种养业）为重点，坚持扶持到村到户，坚持多渠道增加扶贫投入。该计划围绕扶贫资金安排、扶贫项目实施制定了一系列确保扶贫开发到村到户的措施。促进扶贫开发工作由道义性扶贫向制度性扶贫转变，由救济性扶贫向开发性扶贫转变，由扶持贫困地区（主要是贫困县）向扶持贫困村、贫困户转变。并且，较大幅度地增加了扶贫资金。二是国家在宏观经济政策中明确提出加快中西部地区的经济发展计划。该计划实际上将扶贫到户与促进中西部地区经济发展的宏观政策相结合，对缓解农村贫困产生了积极意义。三是构建综合扶贫战略政策体系。中央政府大幅度增加扶贫开发投入，明确资金、任务、权利、责任"四个到省"的扶贫工作责任制。建立东部沿海地区支持西部欠发达地区的扶贫协作机制。推行入户项目支持、最低生活救助、科技扶贫、劳动力转移、生态移民等多元化扶贫措施。2000年，中国政府宣布"八七扶贫攻坚计划"确定的战略目标基本实现，全国农村贫困人口的温饱问题基本解决。

第五阶段，2001—2012年，中国减贫实施整村推进与"双轮驱动"扶贫战略。这一时期扶贫战略主要体现在《中国农村扶贫开发纲要（2001—2010年）》和《中国农村扶贫开发纲要（2011—2020年）》的政策制定和实施安排上。第一个十年扶贫纲要在中西部地区确定592个国家扶贫开发重点县，把贫困瞄准重心下移到村，全国范围内确定了15万个贫困村，战略政策主要以整村推进、产业发展、劳动力转移为重点进行构建与实施，贫困人口继续减少。2007年，以全国全面实施农村最低生活保障制度为标志，中国的扶贫开发进入扶贫开发政策与最低生活保障制度衔接的"双轮驱动"阶段。第二个十年扶贫纲要体现了扶贫战略意图和政策构建重点，主要确定了14个集中连片特困地区。扶贫开发的重点范围覆盖14个集中连片特困地区、592个国家扶贫开发重点县，继续坚持开发式扶贫方针、坚持扶贫到村到户。这一时期扶贫开发成效明显：一方面，大多数贫困群体的温饱问题得以解决；另一方面，扶贫开发对促进国民经济持续健康发展，缓解区域、城乡差距扩大趋势，都做出了重要贡献。

第六阶段，从2013年开始至今，中国减贫实施精准扶贫精准脱贫方略。以中国共产党第十八次全体代表大会召开为标志，中国发展进入新时代。以习近平同志为核心的党中央，把扶贫开发摆在治国理政的突出位置。习近平总书记提出一系列扶贫开发的新思想新观点，作出一系列新部署新要求，形成了关于扶贫工作的理论体系。在习近平总书记关于扶贫的重要论述指引下，2015年10月召开的党的十八届五中全会作出"打赢脱贫攻坚战"的决定。新时代脱贫攻坚是中国扶贫开发的新发展，中国扶贫开发战略政策体系呈现新时代特点：一是确定全新扶贫目标，即"到2020年现行标准下贫困人口全部脱贫，贫困县全部摘帽，解决区域性整体贫困"。这一目标既符合国情，又与国际接轨，脱贫标准略高于国际水准。二是确定基本方略，即精准扶贫精准脱贫方略。这一方略是一整套全新的贫困治理体系，其核心内容集中体现在做到"六个精准"，即扶持对象精准、项目安排精准、资金使用精准、措施到户精准、因村派人精准、脱贫成效精准；实施"五个一批"，即通过扶持生产和就业发展一批，通过易地搬迁安置一批，通过生态保护脱贫一批，通过教育扶贫脱贫一批，通过低保政策兜底一批；解决好"四个问题"，即扶持谁、谁来扶、怎么扶、如何退。三是坚持发挥中国共产党领导的政治优势和社会主义集中力量办大事的制度优势。构建省市县乡村五级抓扶贫、层层落实责任制的治理格局。四是坚持广泛动员全社会力量，支持和鼓励全社会采取灵活多样的形式参与扶贫。五是坚持创新扶贫开发机制，为贫困人口贫困村建档立卡，向贫困村派驻第一书记和工作队，出台一系列精准扶贫政策，为脱贫攻坚源源不断地释放改革红利。六是扶贫扶志扶智有机结合。始终注重贫困人口内生动力的激发、培育。这一时期，贫困地区基本公共服务体系建设加快推进，城乡基本养老保险制度全面建立，具有减贫兜底功能的社会保障体系日益完善。

三、中国减贫道路的形成发展

新中国成立至改革开放时期（1949—1978年），中国扶贫开发主要的战略和政策以减缓绝对贫困为目标，通过变革社会制度，建立低水平的社会保障体系来实现。改革开放至党的十八大召开（1978—2012年）时期，中国主要通过经济增长带动和专项扶贫计划实现大幅度减少绝对贫困。国家在不同阶段采取不同扶贫战略，实施不同扶贫政策组合。

1. 中国特色减贫道路的基本形成

改革开放至党的十八大以前这一历史时期，中国特色减贫道路基本形成，这条道路主要包含以下基本经验。

一是坚持改革开放。国家通过一系列改革，整体确立了以市场调节主导资源配置的经济体系，多种经济成分并存发展，极大地调动了社会各个方面积极性，极大解放了生产力，提高了生产效率，为大规模减贫战略的实施奠定了基础。

二是保持经济长期持续增长。国家在以市场为基本取向的改革进程中，坚持以经济建设为中心，用发展的办法来解决前进中的问题。通过保持高速的经济增长，提供了大量的就业机会，农业基础得到加强，农产品产量大幅度增长，人民生活得以大幅度改善，直接推动了贫困人口的大量减少。社会财富的增加、国家财力的增强，为国家实施减贫战略，动员全社会力量有针对性地解决贫困问题提供了必要的物质条件。

三是制定一系列有利于穷人发展的政策。这是大规模持续减贫的政策基础。国家通过一系列的制度创新，在农村土地政策、农业生产支持政策、农村综合发展政策、社会发展政策等方面形成了较为健全的政策框架及体系，为实现大规模的减贫奠定了坚实的政策基础。

四是根据发展阶段及贫困人口特征制定和调整反贫困战略。国家在不同的发展阶段,确定不同的减贫目标及任务,制定并实施了相应的反贫困战略,不断丰富发展反贫困战略内容,把区域发展与扶贫开发有机结合,在实施专项扶贫计划的同时,实施了一系列加快落后地区经济增长的区域发展战略,形成区域发展与扶贫开发的良性互动。

五是渐进式地推进农村社会保障体系的建立与完善。国家逐步建立并不断完善农村社会保障体系,为解决贫困人口生存和温饱提供制度保障。

六是不断丰富和发展开发式扶贫的方式方法。始终坚持开发式扶贫方针。把解决贫困户的温饱问题与区域经济开发结合起来,把增加经济收入与改善保护生态环境在内的国土整治结合起来,把经济开发与解决社会问题、改善民生、促进社会和谐结合起来。注意借鉴国际社会先进的减贫理念和成果,积极与国际社会分享中国在扶贫开发领域的经验和做法,开展国际交流与合作。

七是始终把培养和不断提高扶贫对象的自我发展能力作为工作核心。坚持把提高贫困人口的自我发展能力作为反贫困的重点。提倡不等不靠,动员群众积极依靠自己的力量改变贫穷落后的面貌。把扶贫开发与基层组织建设相结合。通过推进组织创新,不断提高扶贫对象的自我组织、自我管理能力。

八是在政府主导下不断提高反贫困战略政策执行力。把扶持贫困群体、实现共同富裕作为国民经济和社会发展的重要任务,列入国民经济和社会发展中长期规划。建立专门机构,先后制定实施国家扶贫开发规划,划定和调整重点扶持区域,调整扶贫标准,逐年增加专项扶贫资金投入。把建立工作责任制、加强干部队伍和组织建设作为保障扶贫政策执行力的关键,采取有效措施保证扶贫政策的落实。

2.中国特色减贫道路的丰富发展

中国新时代脱贫攻坚以习近平新时代中国特色社会主义思想为指导,以习近平总书记关于扶贫工作的重要论述为根本遵循,全党全国全社会凝心聚力,从三个方面丰富发展了中国特色扶贫开发道路。

一是从中国特色社会主义发展全局明确扶贫开发的战略地位。这是对马克思主义反贫困理论的重大贡献。党中央把扶贫开发与党和政府的职责、党的根本宗旨以及全面建成小康社会目标要求和社会主义的本质要求相结合，深刻阐述中国现阶段扶贫开发的极端重要性和紧迫性，把新时代扶贫开发战略定位提高到了新的高度，为制定新时代脱贫攻坚顶层设计、创新体制机制奠定了思想基础，对全党全国全社会增强扶贫开发责任感、使命感、紧迫感具有重要的理论和实践指导意义。

二是深刻总结了党的十八大以来中国扶贫开发"六个坚持"的宝贵经验，丰富发展了中国特色减贫道路的具体内容。一是坚持党的领导，强化组织保证。始终坚持党对脱贫攻坚的领导，充分发挥社会主义集中力量办大事的制度优势，五级书记抓扶贫，实行中央统筹、省负总责、市县抓落实的管理体制机制。二是坚持精准方略，提高脱贫实效。真正把精准理念落到实处，变"大水漫灌"为"精准滴灌"，做到"六个精准"基本要求，实施"五个一批"的脱贫路径，达到切实解决扶持谁、谁来扶、怎么扶、如何退的"四个问题"的根本目的。围绕精准扶贫改革创新一系列扶贫机制模式，促进了贫困治理体系的不断完善。三是坚持加大投入，强化资金支持。不断增加资金投入，加强使用监管，大力改革财政扶贫资金使用管理机制，完善扶贫资金项目公告公示制度，做到阳光化管理。四是坚持社会动员，凝聚各方力量。更加广泛地动员社会力量参与脱贫攻坚，加大社会扶贫工作力度、凝聚更大扶贫合力。五是坚持从严要求，促进真抓实干。把从严治党贯穿脱贫攻坚全过程、每一个环节，把扶贫工作的从严要求和干部作风治理结合起来，把精准扶贫精准脱贫过程与国家贫困治理体系和治理能力现代化结合起来。六是坚持群众主体，激发内生动力。尊重贫困群众的主体地位和首创精神，把激发扶贫对象的内生动力摆在突出位置，扶贫与扶志扶智相结合，充分发挥第一书记、驻村工作队的作用，把贫困群众的积极性调动起来，把他们自力更生的精神激发出来，不断提高他们共享发展成果的能力。

三是从携手消除贫困、共建人类命运共同体的高度指明了全球减贫合作的方向。这是对世界减贫理论的原创性贡献。中国在致力于自身消除贫困的同时，始终积极开展南南合作，力所能及地向其他发展中国家提供不附加任何政治条件的援助，支持和帮助广大发展中国家特别是最不发达国家消除贫困。积极开展国际减贫合作，服务于国家外交、援外大局以及"一带一路"等重大战略，发挥扶贫软实力在树立大国形象、增强中国在全球治理中的话语权中的特殊作用。

可见，中国特色减贫道路依然会在实践中不断丰富发展。但现阶段看，新时代中国特色减贫道路的丰富内涵，主要集中体现在以下八个方面，也就是：坚持党对减贫工作的领导，坚持政府主导，坚持精准扶贫，坚持构建大扶贫格局，坚持激发脱贫内生动力，坚持用好管好扶贫资金，坚持严格考核评估制度，坚持开展国际减贫合作。

四、中国特色减贫道路的时代特征与历史意义

党的十八大以来，在习近平总书记关于扶贫的重要论述的指引下，新时代的脱贫攻坚实践证明，新时代的脱贫攻坚是中国乡村发展的深刻革命，是中国共产党执政宗旨的有力体现，是中国共产党全面从严治党的有益探索，是中国国家治理体系完善和治理能力现代化的有力推动，是中国发展道路的世界呈现。新时代的脱贫攻坚必定在中国几千年发展史上留下浓墨重彩的篇章。

中国新时代脱贫攻坚的伟大成就与实践呈现出了鲜明的时代特征和深远的历史意义。

一是从发展理论看，脱贫攻坚最伟大的成果是形成、确立了习近平扶贫重要论述。习近平总书记扶贫重要论述内涵丰富、思想深刻、逻辑严密，不仅为打赢中国的脱贫攻坚战提供了根本遵循和科学指引，而且为全球的贫困治理贡献了中国智慧和中国方案。经过世界上最大规模的减贫实践检验的习近平总书记扶贫重要论述，它的科学性、实践性、战略性、指导性、国际性特征非常明显，将在全球的贫困治理中发挥指导性的作用，也将作为中华文明的一部分，在全球产生积极影响。

二是从五位一体的总体布局看，脱贫攻坚在政治、经济、社会、文化、

生态文明建设方面产生了积极的推动作用。脱贫攻坚既是全面建成小康社会的底线任务和标志性指标，也是中国共产党全心全意为人民服务宗旨的体现，更是中国共产党以人民为中心的发展思想的具体实践。脱贫攻坚对于从政治上夯实中国共产党的执政基础，加快贫困地区的经济社会发展，促进贫困地区的供给侧结构性改革、拉动内需，拓展贫困地区的经济发展空间发挥了积极的作用；因地制宜发展产业、移民搬迁、生态保护脱贫等一系列措施，对于提高乡村的治理能力、激发贫困地区的内生动力、保护生态环境、促进生态文明的建设发挥了积极的作用；将传统文化的传承、发扬和贫困地区、贫困人群的内生动力的激发结合起来的有益探索，有利于全面推进经济建设、政治建设、文化建设、社会建设和生态文明建设"五位一体"总体布局战略目标的实现。

三是从推进四个全面战略布局看，脱贫攻坚对于统筹协调四个全面的战略布局具有基础性作用。脱贫攻坚是全面建成小康社会的底线任务和最突出的短板，是全面深化改革的重要内容和最好成果的呈现，是全面依法治国，促进整个贫困治理法制化、规范化的有益探索，是全面从严治党、管党的实践平台。在脱贫攻坚中，始终把全面从严治党贯穿脱贫攻坚的全过程，开展扶贫领域的腐败和作风治理，五级书记抓脱贫攻坚，层层落实责任制，建立多元化立体式的考核评估体系，开展第三方评估，确保真脱贫、脱真贫。这一系列措施都体现了中国共产党实事求是的思想路线，也体现了中国共产党治党管党措施的作用及其实践路径。

四是从两个百年的奋斗目标看，打赢脱贫攻坚战是实现第一个百年奋斗目标的底线任务。正如习近平总书记指出，"我们不能一边宣布全面建成了小康社会，另一边还有几千万人口的生活水平处在扶贫标准线以下，这既影响人民群众对全面建成小康社会的满意度，也影响国际社会对我国全面建成小康社会的认可度"[①]，打赢脱贫攻坚战是实现第一个百年奋斗目标的底线任

---

① 习近平：《关于〈中共中央关于制定国民经济和社会发展第十三个五年规划的建议〉的说明》，2015年11月3日，央广网。

务。从第二个百年奋斗目标来看，我们要实现中华民族的伟大复兴，不仅需要经济实力的不断增强，更需要体现出我们的发展道路、发展理论、发展制度的科学性和可借鉴性，这样才能在国际社会中提高影响力，才能在全球治理中增强我们的话语权。

五是从实现中华民族伟大复兴的中国梦看，脱贫攻坚将对中华民族伟大复兴中国梦的实现产生推动作用。为实现中华民族伟大复兴的中国梦，对内我们需要激发全社会的正能量，振奋中华民族的精神，脱贫攻坚的伟大成就是最好的载体和呈现；对外我们需要增强参与全球治理的话语权，不断增强我国的软实力，脱贫攻坚所积累形成的贫困治理思想、理论、模式、经验具有较强的可借鉴性和全球推广度。从近期来看，在2030年可持续发展议程的实施过程中，我们将在减贫领域继续发挥示范带头作用；从中期来看，到2050年，我们要基本实现共同富裕，脱贫攻坚战的成果将为逐步解决不平衡、不充分发展问题奠定基础，也为下一步逐步实现从基本共同富裕到共同富裕提供支撑。从精神层面来看，中华民族的伟大复兴在某种程度上来讲是对中华民族每一个成员精神状态的提振，如果说我们依然还有相当数量的贫困人口，尽管是相对贫困人口，那么复兴的质量也会受到影响。

六是从全球贫困治理看，中国脱贫实践和经验为全球贫困治理提供了可借鉴的模式和方案。习近平总书记关于扶贫的重要论述及在脱贫攻坚实践中积累的各种经验和模式不仅已经被过去十多年的实践所证明，也必将在今后全球贫困治理中，特别是在2030年可持续发展议程的第一个目标——"消除一切形式的贫困"的实现中发挥重要作用。对于配合"一带一路"倡议的实施，增强"一带一路"倡议实施过程中沿线的各种投资活动、项目的民生效应、促进合作国家接受中国经验都具有重要的推动意义。如期打赢脱贫攻坚战，在中华民族几千年历史发展上将是首次整体消除绝对贫困现象，实现这一目标，意味着我国要比联合国确定的在全球消除绝对贫困现象的时间提前十年，这是一项对中华民族、对整个人类都具有重大意义的伟业。中国的贫困治理方案乃至国家治理方案，为全球各国提供了人类反贫困斗争的中国方案。

五、中国减贫道路的世界意义

从减贫速度看，中国明显快于全球。世界银行发布的数据显示，按照每人每天1.9美元的国际贫困标准，从1981年末到2015年末，我国贫困发生率累计下降了87.6个百分点，年均下降2.6个百分点，同期全球贫困发生率累计下降32.2个百分点，年均下降0.9个百分点。特别是2013年实施精准扶贫以来，每年减少贫困人口1300多万人，七年减少9300多万人，有力加快了全球减贫进程，为其他发展中国家树立了标杆，提供了榜样，坚定了全世界消除贫困的信心。2018年世界银行发布了《中国系统性国别诊断》报告，其中称"中国在快速经济增长和减少贫困方面取得了'史无前例的成就'"。在"2017减贫与发展高层论坛"举办时，联合国秘书长古特雷斯发贺信称赞中国的减贫方略，指出"精准减贫方略是帮助最贫困人口、实现2030年可持续发展议程中宏伟目标的唯一途径。中国已实现数亿人脱贫，中国的经验可以为其他发展中国家提供有益借鉴"。

可见，中国巨大减贫成就坚定了全球减贫信心，而中国特色减贫道路为全球减贫贡献了中国智慧和中国方案。突出体现在以下方面。

1. 回应了发展中国家减贫的艰巨性和复杂性

从全球视野来看，受国别、地域、自然条件，以及经济、政治、文化、社会等方面的综合因素的影响，贫困问题具有多样性和复杂性，致贫的原因也呈现出差异化和多元化，单一的减贫力量和措施在应对普遍存在的复杂性贫困问题时往往难以奏效。中国脱贫攻坚的实践充分证明了，以扶贫对象的需求为导向，综合性的扶贫思路与精准性的扶贫方法有机结合，扶贫资源的有效供给与扶贫对象的实际需求有机衔接，是治理贫困的有效手段，也是解决贫困问题的根本出路。

2. 树立政府主导减贫的"典范"

中国发挥政府在脱贫攻坚工作过程和减贫工作成效中的主导性力量，在中国精准扶贫的实践中，政府是减贫全过程的主导性主体，特别是贫困识别、贫困干预、贫困退出以及脱贫成效评估等关键环节的主导。脱贫攻坚工作中除了加大政府投入，还通过"中央统筹、省负总责、市（地）县抓落实"多层级政府间合力协作制度安排提升政府扶贫整体效能，激发并形成扶贫合力，不断完善政府、市场、社会互动和专项扶贫、行业扶贫、社会扶贫联动的大扶贫格局，这是从根本上摆脱贫困的动力来源。

3. 中国精准扶贫工作机制为解决贫困治理一系列世界难题提供了中国方案

以贫困识别及瞄准为例，国际上的贫困识别方法主要有两种：一是自上而下的贫困识别方法，主要采用个体需求评估法；二是自下而上的贫困识别方法，以社区为基础的瞄准方法即是典型案例。但是这两种方法的独立运用，在实际减贫工作中都存在一定的局限性。中国政府结合具体的减贫国情将两种方法有机结合：一方面，通过统计部门抽样测算贫困规模，对贫困指标自上而下进行逐级分解，保证贫困识别的科学性；另一方面，通过贫困户自愿申请、民主评议等自下而上的贫困识别机制，提高贫困群众的参与度和监督效果，保证贫困识别的真实性。在此基础上，逐步形成了自上而下（指标规模控制、分级负责、逐级分解）与自下而上（村民民主评议）有机结合的精准识别机制，为国际减贫工作中的贫困瞄准提供了有效的参考和借鉴。

4. 丰富和发展了国际反贫困理论

西方主流的反贫困理论以"涓滴理论"为代表，认为贫困问题的解决主要依赖于社会经济发展水平的持续提高，即使没有社会政策的干预，经济发展的滴漏效应也会影响到社会的贫困阶层，从而使得社会贫困问题随着经济发展而自然得到解决。但这一理论使全球反贫困进入"停滞不前"的困境。中国精准扶贫思想不仅强调中国共产党领导的政治优势和社会主义制度集中力量办大事的制度优势，也强调要发挥脱贫主体的能动性，"志""智"双扶，从而激发脱贫内生动力。这实际上显示出习近平总书记关于扶贫的重要论述对西方扶贫理论的超越。精准扶贫思想中内源式扶贫、合力扶贫、制度扶贫等从多种层面认识和构建了中国农村反贫困理论，不仅对于中国减贫具有很强的针对性、政策性和实践性，而且对于国际贫困治理理论的创新、推动广大发展中国家加快摆脱贫困的进程，都有重要的参考借鉴作用。

第二章

消除贫困：
中国共产党的初心和使命

消除贫困，改善民生，逐步走向共同富裕，是社会主义的本质要求，是中国共产党对全国人民的庄严承诺。不论革命时期、社会主义建设初期，还是改革开放以后，中国共产党始终重视改善人民群众特别是贫困人口的生产条件和生活水平，始终坚持对减贫工作的坚强领导，不断推进中国减贫事业向前发展。

一、中国共产党的初心使命

中国共产党对减贫工作的高度重视和坚强领导是由党的宗旨、阶级基础和政党属性所决定的，具有历史必然性。

1. 中国共产党的初心

近代以降，资本主义以坚船利炮打开中国的大门，中国从此一步步沦入半殖民地半封建社会的深渊，贫穷落后成为当时中国社会最显著的特征。与此同时，一代代先知先觉和仁人志士走上了救亡图存的道路。从洋务运动的技术救国、工业救国到戊戌变法的立宪道路，从辛亥革命到"五四"新文化运动，各种主张、运动、方案先后登场，但都没有达到预期目标，也都没有解决国家独立和社会稳定的基本问题，遑论摆脱贫困和富民强国。在这种背景下，一批先进知识分子从俄国"十月革命"中看到了中国的希望，将马克思主义基本原理与中国实践相结合，提出了以马克思主义指引中国走向独立和富强的新主张、新方向。1921年7月，中国共产党成立，领导中国工农群众展开了反对帝国主义、封建主义和官僚资本主义的伟大斗争，开启了追求国家独立、社会稳定、人民富裕的新征程。

带领人民群众摆脱贫困落后，建立一个独立富强的新中国，是时代的召唤，是中国共产党的建党初心。

2. 中国共产党的群众基础

领导洋务运动的是清王朝的开明官员和地主阶级的先进代表，其目标在于延续清王朝统治和维护既有土地制度、生产关系。领导戊戌变法和辛亥革命的是认同资本主义的知识分子和资本主义生产力的代表，其目标在于建立资本主义政治经济制度，反映的是开明地主和小资产阶级的利益。中国共产党作为中国工人阶级的先锋队登上历史舞台，在领导中国革命和社会主义建设的长期实践中，形成了紧紧依靠工人阶级、农民阶级的基本立场。坚定代表工人阶级、农民阶级的根本利益，得到工人阶级、农民阶级的衷心拥护和全面支持，是中国共产党能够取得革命战争胜利、建立社会主义政权的根本原因，也是中国共产党缔造新中国后能够战胜各种艰难险阻、不断巩固社会主义政权、不断推动社会主义现代化事业发展进步的根本原因。

对于广大工人阶级、农民阶级来说，能够争取到生存权、摆脱贫困和逐步走向富裕，是他们选择紧跟中国共产党、拥护中国共产党的根本原因。重视减贫工作，领导推动减贫进程，能够夯实党的群众基础，能够巩固党的执政基础。

3. 中国共产党的先进属性

纵观中国历史，"分田地、均贫富"是历次农民革命高扬的旗帜，但这些农民革命从来没有改变封建王朝循环的历史局面，从来没有改变广大农民被剥削被压迫并陷于持久贫困的命运。其原因在于，秦代以降的历次农民革命只不过是人地关系紧张和阶级矛盾激化的产物，并不是生产力发展和技术革命的结果。农民革命的结果是，战乱伤亡和战后土地及财富再分配缓解了紧张的人地关系和阶级矛盾，一个新的封建王朝循环重新开始。中国共产党登上历史舞台，从根本上改变了中国革命和中国历史的面貌。

中国共产党代表着先进生产力的发展要求。洋务运动以降，特别是辛亥革命之后，工业经济和资本主义生产方式在中国缓慢发展，机器大生产催生出一个崭新的社会群体——工人阶级。中国共产党领导的工农革命旨在冲破资本主义生产关系对机器大生产的束缚和封建主义生产关系对农业经济的束缚和对农民的压榨，建立崭新的、更有利于工农业发展的社会主义生产关系，并最终走向共产主义；旨在消灭剥削和压迫，建立一个更加平等、免于贫穷的新世界。让生产力得到充分发展，创造更多财富，是中国共产党的历史使命；消除贫困，逐步走向共同富裕，是社会主义的本质要求。

中国共产党为之奋斗的社会主义现代化事业和共产主义理想不是中外历史上出现过的种种乌托邦思想。它们建立在马克思主义科学理论的基础之上，建立在中国共产党严明组织纪律性的基础之上，反映了人类社会的普遍发展规律和发展方向。重视减贫工作，领导推动减贫进程，能够彰显社会主义的优越性，能够彰显中国共产党的先进性。

二、党在减贫中的领导地位

自成立以来，中国共产党领导中国人民从革命战争中建立社会主义新中国，在一穷二白的废墟上建立现代工业基础和独立经济体系，在改革开放中实现国民经济长期快速发展。中国共产党的中心任务经历了从夺取新民主主义革命胜利到探索社会主义建设道路，再到以经济建设为中心走上中国特色社会主义道路的转变。在这个过程中，中国共产党始终坚持从实际出发，围绕不同历史时期中心任务，领导制定符合各阶段国情的减贫战略，不断推进减贫事业。

1. 革命年代与社会主义建设初期的减贫战略

第一，革命战争时期。这个时期，中国共产党确定了扎根工农群众、争取民族独立、夺取革命胜利的中心任务。在根据地、苏区、解放区，中国共产党实施总体上有利于底层农民的土地政策和生产经营方式，并根据形势变化适时进行调整，夯筑革命事业基础，团结一切进步力量。尽管中国社会整体处于内忧外患、分崩离析的状态，广大人民群众普遍处于极端贫困之中，但根据地、苏区、解放区的农民亲历了积极的变化，看到了摆脱贫困的希望。在这个时期，中国共产党重视并领导推进减贫事业，根据形势变化适时改革创新土地政策等涉及减贫的重要政策，通过财产再分配和支持农业生产，赢得了贫苦人民的衷心拥护支持，也团结了最广泛的革命力量，取得了当时条件下能够取得的最好减贫效果。

第二，社会主义建设初期（1949—1978年）。中华人民共和国成立初期，捍卫新生政权、探索从根本上摆脱贫穷落后状态的社会主义建设道路是中国共产党作为执政党的中心任务。参照苏联模式，中国共产党选择了优先发展重工业的经济战略，逐步建立起一套与之相适应的计划经济体制[①]。城镇实行低工资制度，同时建立从"摇篮"到"坟墓"的全面保障体系。农村主要实行以生产队为基础的集体化生产经营方式，通过工农业"剪刀差"向城镇及工业生产转移剩余，农民获得由生产队分配或提供的生活资料和基本保障。城镇居民生活水平普遍高于农村，农民仅能维持较低水平生活，五保户等无法自立生存的农户由生产队给予生活保障。大体而言，这个时期中国共产党着眼于建设长远发展能力（如独立完整的工业体系），一方面实施低消费和高积累、高投资的经济政策，另一方面推行低成本但覆盖人群较广泛的基础教育和医疗卫生服务等社会政策。这些政策措施总体上保障了城乡居民的基本生活（其中，在基础教育和医疗卫生领域取得的成绩特别突出），同时也为改革开放以后的快速发展与减贫积累了工业基础和人力资本方面的有利条件。

2.改革开放与减贫战略创新

十一届三中全会以后，中国共产党确定了以经济建设为中心的基本路

---

① 林毅夫、蔡昉、李周：《中国的奇迹：发展战略与经济改革》（第2版），格致出版社、上海三联书店、上海人民出版社1999年版。

线，走上改革开放的道路。改革开放的基本思路是：对内扫除不利于生产力发展的各种桎梏，对外用好国际社会的资金、技术和各种先进制度、经验，把经济建设搞上去，进而带动整体发展和现代化进程。

20世纪70年代末80年代初，改革开放由农村发轫并取得阶段性成果。农村家庭联产承包责任制普遍推行，乡镇企业初步发展，农民及农村的活力快速释放，农业农村呈现出勃勃生机。20世纪80年代中期以后，改革开放由农村延伸到城市，由农业拓展到各行各业，市场机制在越来越多的领域发挥重要作用，资源配置效率大幅提高，劳动密集型产业持续快速发展，大量农村剩余劳动力进城务工，中国经济实现持续快速增长，逐步成长为世界第二大经济体。

中国地域辽阔，不同地区历史文化及资源禀赋存在巨大差异，在全球经济体系中的区位也判然有别。改革开放以后，在市场机制作用下，优势地区和群体率先发展起来，地区之间、农户之间发展差距拉大，山区、革命老区、民族地区、边境地区等区域和人力资本匮乏家庭的贫困问题突显出来。1986年，国务院贫困地区经济开发领导小组（1993年更名为"国务院扶贫开发领导小组"）成立，中国农村有组织、有计划、大规模扶贫开发拉开帷幕。国家确定开发式扶贫方针，构建专项扶贫、行业扶贫、社会扶贫"三位一体"大扶贫格局，综合运用多种手段，对贫困地区和贫困人口进行专门扶持，帮助缓解发展困境和提升发展能力。1999年起，中共中央先后提出实施西部大开发、振兴东北地区等老工业基地、中部地区崛起等区域协调发展战略，国家从财政、税收、金融、投资等各方面对中西部地区特别是西部地区给予有力的倾斜支持，推动这些地区改善基础设施、公共服务及投资环境，缩小与沿海地区发展差距。

自1978年至2012年，中国人均GDP由381元增加到38420元，农民人均纯收入由134元增加到7917元。农村贫困人口（按照2010年2300元扶贫标准估计）由7.7亿人减少到9899万人，贫困发生率由97.5%降至10.2%。回顾这段历史可以发现，改革开放是中国农村减贫的活力源泉，包容性经济增长是带动中国农村减贫的基础力量，区域协调发展战略和有组织、有计划、大规模扶贫开发是加快中国农村减贫进程的重要支撑。中国共产党坚持以为人民谋幸福为根本，坚持以经济建设为中心，不断深化改革和扩大开放，领导中国人民走上中国特色社会主义道路，是创造中国经济奇迹和减贫奇迹的根本保障。

三、打赢脱贫攻坚战

2012年11月，中国共产党第十八次全国代表大会召开，中国农村减贫事业迈入新时代。习近平总书记亲自擘画、亲临部署，启动实施精准扶贫基本方略。2015年11月，中央扶贫工作会议召开，脱贫攻坚战全面拉开帷幕。2020年如期打赢脱贫攻坚战。

1.顶层设计、确立目标

20世纪80年代，中国共产党提出"三步走"总体战略目标：第一步从1981年到1990年，实现国民生产总值翻番，解决全国人民温饱问题；第二步到20世纪末，实现国民生产总值再翻一番，人民生活达到总体小康水平；第三步到21世纪中叶，人民生活达到中等发达国家水平。至20世纪末，前两步战略目标均顺利完成，中国经济社会呈现出持续快速发展的好趋势。在此背景下，中国共产党进一步明确了"第三步"战略目标的阶段性任务，提出到2020年全面建成小康社会，到2035年基本实现社会主义现代化，到21世纪中叶建成社会主义现代化强国。其中，2020年全面建成小康社会是到中国共产党建党一百周年实现的奋斗目标，21世纪中叶建成社会主义现代化强国是到中华人民共和国成立一百周年实现的奋斗目标，合称"两个一百年"奋斗目标。一步一步往前走，一代一代接力推，中国共产党以实际行动向世人呈现了其不忘初心、牢记使命、带领全国各族人民建设小康社会及富强国家的光辉形象。

全面小康与20世纪末已经实现的总体小康的根本不同在于，前者强调"一个都不能少"，后者只看"平均数"。全面建成小康社会的重点难点在于补齐短板，最艰巨、最繁重的任务在农村特别是在贫困地区。没有农村小康特别是贫困地区的小康，国民生产总值和城乡居民可支配收入等方面平均数再高，也没有全面小康。为此，中国共产党于2015年底作出坚决打赢脱贫攻坚战的重大决定，把脱贫攻坚工作纳入"五位一体"总体布局和"四个全面"战略布局，把打赢脱贫攻坚战作为全面建成小康社会、实现第一个百年奋斗目标的底线任务，完善顶层设计，制定实施一系列超常规政策和措施，开辟了中国农村减贫事业的崭新局面。正如习近平总书记所指出的，"加强党对脱贫攻坚工作的全面领导，建立各负其责、各司其职的责任体系，精准识别、精准脱贫的工作体系，上下联动、统一协调的政策体系，保障资金、强化人力的投入体系，因地制宜、因村因户因人施策的帮扶体系，广泛参与、合力攻坚的社会动员体系，多渠道全方位的监督体系和最严格的考核评估体系，为脱贫攻坚提供了有力制度保障"。

2. 五级书记一起抓的责任体系

进一步加强党对脱贫攻坚工作的集中统一领导，是党的十八大以来我国扶贫开发事业的最突出特征，也是确保如期打赢脱贫攻坚的根本保障。

第一，确定五级书记一起抓的领导体制。各级党委充分发挥总揽全局、协调各方的领导核心作用，严格执行脱贫攻坚一把手负责制，省市县乡村五级书记一起抓[①]。"东西南北中，党是领导一切的。"五级书记都把脱贫攻坚作为重要任务来抓，很快就在全国全社会凝聚形成关注扶贫、投身扶贫的磅礴力量。

第二，明确脱贫攻坚责任制。纵的方向，扶贫开发任务重的省（自治区、直辖市）党政主要领导向中央签署脱贫责任书，每年向中央作扶贫脱贫进展情况的报告[②]。以此类推，市（地）、县（市）、乡镇均向上一级签署脱

[①]《中共中央国务院关于打赢脱贫攻坚战的决定》（中发〔2015〕34号），2015年11月29日。

[②]《中共中央国务院关于打赢脱贫攻坚战的决定》（中发〔2015〕34号），2015年11月29日。

贫责任书，每年报告扶贫脱贫进展情况。横的方向，教育、医疗、住房、农业农村、交通、水利、电力、自然资源和组织、宣传、统战等各相关党政部门各负其责、分工完成本级党委政府脱贫攻坚任务，把责任落实到人，把工作落实到村到户。除此之外，中国共产党还广泛动员社会力量参与脱贫攻坚，对东西部扶贫协作、定点扶贫提出明确要求。纵横交错，内外交织，构筑出一个全面覆盖贫困村贫困户的紧密责任体系。

第三，全党动员，投入脱贫攻坚。组织部、宣传部、纪检委和统战部全身心投入到精准扶贫中，各级宣传部门积极宣传党的精准扶贫的方针策略，总结扶贫经验；组织部门认真考核各级领导干部在脱贫攻坚中的表现，组织驻村帮扶，向贫困村派驻第一书记；纪检部门针对扶贫中的渎职、不作为和违法乱纪现象加大了监督与惩治力度；统战部门动员民主党派、工商界人士积极参与扶贫。全党动员保障了精准扶贫的顺利实施和取得成效。

第四，实施最严格的考核评估。责任明确之后，关键在于通过严格考核确保其落到实处。2016年，中央制定实施省级党委政府扶贫开发成效年度考核制度，地方各级党委政府相应启动下一级党委政府扶贫开发成效年度考核。考核发现问题的，由上级党委政府视问题严重程度对被考核方党政主要领导或分管领导进行约谈，形成强有力的压力机制。在考核内容上，构建立体式评价体系，对精准识别、精准帮扶、精准退出和脱贫实效、群众满意度等进行全方位评价，既关注精准扶贫过程，更关注精准脱贫结果。

3. 基层党建提升脱贫攻坚内生能力

中国共产党加强对脱贫攻坚的领导不仅体现于确定目标任务、完善顶层设计、强化领导体制、落实责任制，而且体现于加强基层党组织建设，以基层党建引领村级治理能力建设、农村经济领域改革创新和乡风文明建设，提升贫困地区贫困人口自我发展能力。

第一，村级治理体系和治理能力建设。在工业化、城镇化大背景下，农村精英及青壮年劳动力大量外出务工经商，留在农村的多为老人、妇女、儿童，村级组织弱化虚化，治理能力不足。村级治理体系治理能力问题既是农村贫困的重要原因,也是脱贫攻坚的关键切入点。脱贫攻坚战以来,中国共产党主要从队伍建设和组织体系、运转机制两方面入手解决这个问题。队伍建设采取外援和内建相结合的方式,外援措施主要包括向贫困村普遍派驻第一书记和驻村工作队、为建档立卡贫困户安排帮扶责任人、加强大学生村官队伍建设等;内建措施包括动员外出精英返乡任村干部、培养年轻党员、开展村干部培训等。组织体系与机制方面,推进贫困村村务监督委员会建设,继续落实好"四议两公开"、村务联席会等制度,健全党组织领导下自治、法治、德治相结合的村民自治机制;完善村级组织运转经费保障机制,将村干部报酬、村办公经费和其他必要支出作为保障重点;突出抓好村党组织带头人队伍建设,充分发挥党员先锋模范作用[1]。

第二,农村经济领域改革创新。经济发展是农村脱贫攻坚和走向振兴的根本。20世纪90年代中期以降,因工业化、城镇化带动农村人力资源、金融资源大量流入非农领域,农村经济开始陷入活力不足状态,农村减贫事业也因此面临巨大挑战。十八大以来,在各级党委政府大力支持下,农村特别是贫困地区农村基层党组织和党员干部带领广大农户积极探索,改革创新农村土地等各类资源开发利用机制,取得了引人注目的改革成果。一是盘活农村土地资源(包括缺乏经营效益的承包地、未承包到户的集体荒地等),通过经营权流转方式(包括入股、出租、转让等具体形式),交由龙头企业、合作社、家庭农场等新型经营主体进行经营,农户或村集体取得分红或租金等收入。二是用好农村资产及扶贫资金,农户和村集体闲置房屋、财政资金投入形成的可经营资产、到户产业扶贫资金,以使用权转让方式(包括入股、租赁等具体形式),交由新型经营主体或普通农户进行经营,增加村集体、农民特别是贫困户的资产性收入。三是创新经营机制,在农业生产经营和农村资源开发利用等领域,大力探索以股份合作制为方向的新型经营管理体制,一方面提高市场化运作程度和资源配置效率;另一方面将部分农民从

---

[1]《中共中央国务院关于打赢脱贫攻坚战的决定》(中发〔2015〕34号),2015年11月29日。

农业农村中解放出来，使他们转而依托工业化城镇化获取非农收入，并逐步实现向市民的转变。

第二，乡风文明建设。贫困既是一种客观的物质生活状态，又是一种社会心理状态。稳定脱贫不仅意味着贫困地区贫困人口物质生活状态的明显改善，而且意味着社会心理状态的嬗变。脱贫攻坚阶段，中国共产党特别注重调动贫困人口主动性积极性，解决各种类型的认识贫困、观念贫困或内生动力不足问题。地方党委政府和基层组织探索形成的具有代表性的做法和经验包括：（1）建立文明乡风积分制，将自己动手开展人居环境建设、克服陈风陋俗等带有公共产品性质的正面行为量化成可以换取商品或服务的积分，引导激励贫困人口主动参加这些活动，在潜移默化中养成好习惯、形成好风尚；（2）完善以奖代补激励机制，在产业扶贫、就业扶贫等领域，尽可能避免简单发钱发物的办法，更多使用同参与度及实效挂钩的奖励措施，激发贫困人口内生动力，引导他们主动投身生产经营或务工创业活动，变"要我脱贫"为"我要脱贫"；（3）创设由老党员等村庄权威及村民志愿者组成的"红白理事会""孝心爱心理事会"等自我服务机构，监督村民遵守村规民约，弘扬传统美德，抵制陈风陋俗；（4）发挥"关键少数"的示范带动作用：在村民中发现、树立一批乡风文明建设的典型人物，如党员模范、脱贫致富典型、道德楷模、公益先驱等，通过表彰、宣传等途径让他们得到社会认同和社会荣誉，让他们成为村民羡慕、学习和追赶的对象。

4. 将全面从严治党贯穿脱贫攻坚全过程

"打铁必须自身硬"，将全面从严治党贯穿脱贫攻坚实践是中国共产党领导打赢脱贫攻坚战的有力保障。

第一，将提升党性修养与推进脱贫攻坚相结合。依托"两学一做""不忘初心、牢记使命"主题教育活动等党建工作，提高扶贫领域党员干部宗旨意识、政治觉悟、理论修养和业务能力，推动他们把对党的忠诚和对共产主义事业的热爱转化为脱贫攻坚战中舍我其谁、勇挑重担的担当和只争朝夕、实干苦干的情怀。尽锐出战，不获全胜、决不收兵，已经成为扶贫领域广大党员干部的共同心声。

第二,开展脱贫攻坚专项巡视。巡视制度是新时代中国共产党加强自身建设的重大举措。2018年上半年,中国共产党第十九届中央委员会组织开展了第一轮常规巡视。这轮巡视将扶贫工作作为重要内容,覆盖河北省、山西省、国家统计局、住房和城乡建设部等30个地方、单位的党组织。2018年下半年,中央组织开展了第二轮巡视——脱贫攻坚专项巡视,巡视对象包括13个省区市、11个中央国家机关和2个中央金融企业的党组织。这是中央巡视组首次围绕一个主题开展专项巡视,其主要任务是发现和推动解决脱贫攻坚领域突出问题。为确保巡视发挥实际作用,2019年底至2020年初,中央巡视组又组织开展巡视工作"回头看",了解相关巡视对象就巡视反馈的问题进行整改的情况和效果。

第三,惩治扶贫领域腐败问题和加强作风建设。加大扶贫领域资金投入,是脱贫攻坚战的一项基本举措。为保证扶贫资金真正用于扶贫事业,防止"跑冒滴漏",党委纪检部门和国家司法机关将扶贫领域反腐败作为重点工作,将贪污占用扶贫资金明确为任何人都不能触碰的高压线,及时查处相关贪污腐败案件。扶贫工作头绪多、链条长、难度大,需久久为功,需绣花功夫。但实践领域却有一些地方和个人背道而驰,以形式主义、官僚主义应付扶贫工作。有的搞上有政策、下有对策,敷衍应付;有的做表面文章,搞形象工程、面子工程;有的弄虚作假,搞数字脱贫、算账脱贫;有的怕吃苦、图轻松,庸懒懈怠。为此,在中共中央统一部署下,纪检监察、审计、扶贫等部门多管齐下,及时采取有力措施进行了治理。中央还将2018年作为扶贫领域作风建设年,集中处理了作风建设领域系列案件,公开曝光了一些负面典型及处理结果,起到很好的震慑效果。

四、巩固拓展脱贫攻坚成果的根本保障

自成立之日起,中国共产党始终将带领中国人民摆脱贫困、走向共同富裕作为自己的重要奋斗目标。中国共产党坚持将马克思主义基本原理与中国

革命及社会主义建设实践相结合，充分吸收西方先进经验和传承创新优秀传统文化，坚持以人民为中心的发展观，用一百年时间彻底消除了绝对贫困、全面建成小康社会，带领中国人民创造了人类减贫史上的巨大奇迹，走出了一条具有鲜明中国特色的减贫道路。

2021年起，中国共产党将迈上新的百年征程，中国减贫事业也将从脱贫攻坚战迈入巩固拓展脱贫攻坚成果、全面推进乡村振兴的新阶段。绝对贫困属于生存性贫困，主要通过"两不愁三保障"等底线标准加以测度，比较便于治理实践中的技术性操作。巩固拓展脱贫攻坚成果要解决的是摆脱贫困后的发展问题，其包含的内容更加丰富，涉及的议题更加广泛，治理机制和方法也更加复杂。建立逐步实现共同富裕的长效机制，是一项更高要求、更具挑战性的伟大事业。

中国消除绝对贫困的百年实践表明，加强中国共产党对减贫工作的领导，既是各历史阶段中国减贫事业扎实有效推进和不断走向成功的不二法门，也是巩固党的执政基础和彰显中国共产党领导下社会主义制度优越性的重要途径。中国消除绝对贫困百年伟大实践的历史启示是，只要继续坚持中国共产党对减贫事业的坚强领导，坚持构建政府主导下全社会协同推进扶贫开发的大格局，坚持发挥扶贫对象的主体性、积极性和创造性，新历史阶段下的中国减贫事业就一定能够一如既往顺利前行，中国巩固拓展脱贫攻坚成果、全面推进乡村振兴的新征程就一定能够创造人类历史上的新奇迹。

第三章

集中力量：
政府主导的减贫

贫困是严重困扰经济社会发展的重大问题，也是世界各国面对的共同挑战。中国作为世界上最大的发展中国家，贫困人口基数位居世界前列。新中国成立70多年来，党和政府始终高度重视扶贫工作，形成了以政府为主导的减贫模式。政府主导减贫，即政府把扶贫开发纳入国家总体发展战略，通过发挥政府在顶层设计、整体规划、统筹协调方面的作用，实现对资源的合理配置，集中力量开展各项扶贫行动，凝聚起脱贫攻坚的强大合力。党的十八大以来，以习近平同志为核心的党中央把贫困人口脱贫作为全面建成小康社会的底线任务和标志性指标，在全国范围全面打响脱贫攻坚战，力度之大、规模之广、影响之深前所未有，谱写了人类反贫困历史上的辉煌篇章。[1]

一、政府主导的基础

作为"看得见的手"，政府在反贫困中发挥着主导作用，具有组织、协调、宣传、示范、评价、监督和激励等功能，能够连接社会、市场、企业、个人等各方资源，最大限度地发挥着行政体系的政治优势、组织优势和资源动员能力，形成"全国一盘棋、上下一条心"的良好局面，重点攻关解决难题，以增强对扶贫开发宏观调控的前瞻性、针对性和协同性[2]。政府主导减贫这一做法不是凭空想象出来的，是由我国国情与现实条件决定的，具有深厚

---

[1] 国务院扶贫办：《人类历史上波澜壮阔的减贫篇章——新中国成立70年来扶贫成就与经验》，2019年9月18日，国家乡村振兴局网。

[2] 龚毓烨：《关于构建新时代下"三位一体"大扶贫格局的研究》，《成都行政学院学报》2018年第4期。

的理论基础与现实意义。

集中力量，才能保证重点；集中资源，才能实现突破。习近平总书记指出，"我们最大的优势是我国社会主义制度能够集中力量办大事。这是我们成就事业的重要法宝"[①]。集中力量办大事作为我国成功破解贫困治理难题的独特优势，主要体现在资源整合利用和项目推进实施两个方面。

一方面，政府可以对扶贫资源进行整合利用。集中力量办大事，并不是搞人海战术、大干快上、以量取胜，而是"好钢用在刀刃上"，真正根据贫困人口的需求进行扶贫资源整合。集中力量办大事能够克服扶贫工作中的"撒胡椒面""摊大饼"现象，使得资源效用最大化。政府通过顶层设计完成目标设定、体制机制完善、规则建构等，构筑贫困治理的话语体系与舆论氛围，同时建立健全分工明确、相互协作的责任体系，层层压实责任，动员全社会力量参与，形成政府、社会、市场协同推进的"大扶贫"格局，形成治理合力。

另一方面，政府能够抓住主要矛盾合理推进项目实施。集中力量办大事就是要抓住主要矛盾和矛盾的主要方面，握紧拳头、集中力量，实现重点突破，进而带动全局，实现重点突破和整体推进有机统一。党的十九大报告指出，"中国特色社会主义进入新时代，我国社会主要矛盾已经转化为人民日益增长的美好生活需要和不平衡不充分的发展之间的矛盾"。新时代社会主要矛盾的变化，为推进精准扶贫工作提出了新要求、指明了新方向、提供了新思路，政府也能够根据社会需求的变化对扶贫项目的开展做出更新和调整。例如人民群众日益增长的精神文化需求，政府能够以贫困群众需求变化为导向，着力提升公共文化产品供给质量，推动优质教育供给步伐，不断改善和满足贫困群众的精神文化生活，增强文化生活的满足感和获得感，提升群众生活幸福指数。[②] 政府主导的优势也体现在应对新冠肺炎疫情带来新的挑战，政府提出分区分级精准防控策略，统筹推进疫情防控和脱贫攻坚，切

[①] 任平：《集中力量办大事——坚定我们的制度自信》，2019年12月27日，四川省情网。

[②] 唐顺利：《新时代精准扶贫要紧扣社会主要矛盾变化》，《人民论坛》2019年第18期。

实解决扶贫项目开工复工、扶贫农畜牧产品滞销等问题，及时做好因疫致贫返贫人口的帮扶，确保人民基本生活不受影响。①

二、政府主导的主要内容

习近平总书记指出，"脱贫攻坚，各方参与是合力。必须坚持充分发挥政府和社会两方面力量作用，构建专项扶贫、行业扶贫、社会扶贫互为补充的大扶贫格局"②，政府主导意味着政府承担扶贫的主要职责，通过政府相关部门实施扶贫的规划，专项扶贫和行业扶贫是政府主导减贫的两大工作重点。

1. 专项扶贫

由政府主导的专项扶贫，即由国家财政安排专项资金支持、由地方各级政府和相关部门组织实施的扶贫活动，按照中央统筹、省负总责、市（地）县抓落实、工作到村、扶贫到户的要求，组织实施驻村帮扶、易地扶贫搬迁、整村推进、以工代赈、产业扶贫、就业促进、扶贫试点、革命老区建设等重要工程③，开展一系列有针对性的扶贫举措。

首先，在实施专项扶贫中，政府建立专门扶贫机构，开展专项扶贫工作。从国务院到贫困地区的各级政府，建立扶贫工作领导小组，并建立常设的扶贫工作领导小组办公室承担专项扶贫工作。从20世纪80年代成立扶贫机构以后，连续实施了多个国家专项扶贫计划，并将扶贫纳入政府的五年发展规划中。

党的十八大以来实施精准扶贫战略，专项扶贫工作被大大加强，贫困地区的党政主要领导亲自抓扶贫工作，扶贫办公室在党委政府的领导下，开展

---

① 习近平:《在决战决胜脱贫攻坚座谈会上的讲话》，2020年3月6日，中共中央党校（国家行政学院）网。
② 《习近平扶贫论述摘编》，中央文献出版社2018年版。
③ 龚毓烨:《关于构建新时代下"三位一体"大扶贫格局的研究》，《成都行政学院学报》2018年第4期。

了扶贫规划、组织、实施和考核评估等多项工作，扶贫成为政府工作的有机组成部分。同时，专项扶贫也更加制度化，在扶贫项目的制定和实施、扶贫工作安排和程序等方面，制度化水平不断提高。

其次，安排专项扶贫资金，支持开发式扶贫工作。中央和省级财政部门将脱贫攻坚作为财政投入的重点优先保障，持续加大财政专项扶贫资金投入力度，同时重点加大对贫困人口多、贫困发生率高、脱贫难度大的深度贫困地区的投入力度，真金白银，真抓实干，为决战决胜脱贫攻坚提供财政支持。在加大资金投入的基础上，深入推进贫困县涉农资金整合工作，按照《国务院办公厅关于支持贫困县开展统筹整合使用财政涉农资金试点的意见》等文件要求，确保开展贫困县涉农资金整合试点的省（自治区、直辖市），安排贫困县的资金增幅不低于该项资金平均增幅。分配给贫困县的资金也一律采取"切块下达"方式，资金项目审批权限完全下放到县。①

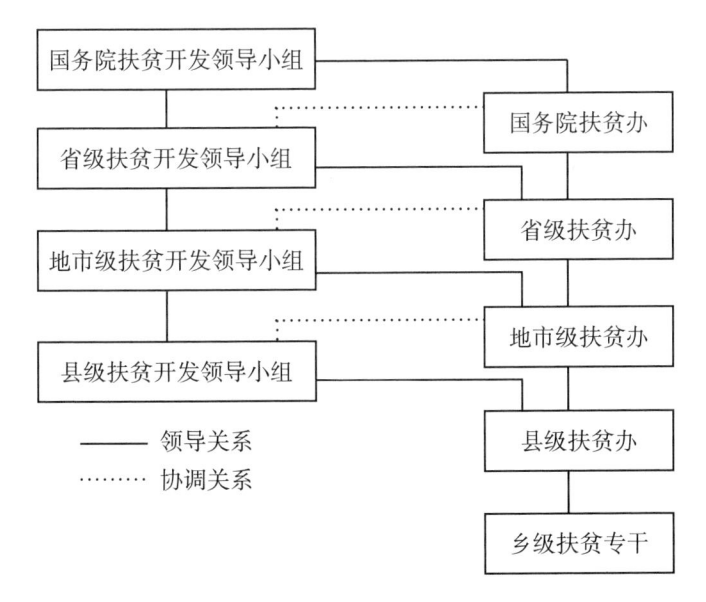

图 3-1 中国农村扶贫开发组织体系

---

① 《中央财政提前下达 2019 年专项扶贫资金 909.78 亿元助力地方提前统筹谋划 2019 年脱贫攻坚工作》，2018 年 11 月 27 日，中华人民共和国中央人民政府网。

党的十八大以后，专项扶贫集中于精准扶贫战略的实施。具体来看，精准识别扶持对象是扶贫工作开展的前提，贫困人口建档立卡也因此成为精准扶贫的基础性工作，只有真正摸清贫困人口、贫困程度、致贫原因，才能做到因户施策、因人施策。扶贫项目精准即根据贫困户实际情况，结合贫困群众真实意愿，因地制宜、差异化地发展特色项目和产业，确保项目开展的长效性与效果的持久性，例如以完善基础设施和改善生产生活条件为目的的整村推进、易地搬迁扶贫；以增加贫困人口收入的产业扶贫、以工代赈；提高贫困家庭发展能力的"雨露计划"；改善贫困居民生活环境的易地扶贫搬迁；最低生活保障制度和各项医疗救助、自然灾害救助等等。让有限的资金发挥最大的扶贫效用是资金使用精准的关键所在。扶贫资金的使用管理需要做到审核严格、拨付及时、流向清晰、监管到位，确保项目资金入村到户到人。措施到户精准即完善帮扶机制，创新帮扶模式，构建精准扶贫平台，坚持扶贫同扶志扶智相结合，"让他们的心热起来、行动起来"[①]，提高贫困户的参与度和满意度。因村派人精准就是要选派思想好、作风正、能力强的优秀干部到基层担任第一书记，最大限度地发挥驻村干部的作用，筑牢基层党组织这一脱贫攻坚战斗堡垒的基石，确保扶贫资源在基层能够得到有效分配和使用。脱贫成效精准则要求进一步查缺补漏，加快建立防止返贫监测和帮扶机制，对已退出的贫困县、贫困村、贫困人口，要保持现有帮扶政策总体稳定，扶上马送一程；对脱贫不稳定户、边缘易致贫户以及因疫情或其他原因收入骤减或支出骤增户加强监测，并接续推进全面脱贫与乡村振兴有效衔接[②]，建立脱贫致富的长效机制。

2. 行业扶贫

行业扶贫主要是指各行业部门履行行业管理与服务职能，通过开展改善贫困地区发展环境、提高贫困人口发展能力等项目，支持贫困地区和贫困人

---

① 《习近平扶贫论述摘编》，中央文献出版社2018年版，第135页。
② 习近平：《在决战决胜脱贫攻坚座谈会上的讲话》，2020年3月6日，中共中央党校（国家行政学院）网。

口发展[1]，具体内容包括明确部门职责、发展特色产业、完善基础设施、发展教育文化事业等。行业扶贫作为"三位一体"大扶贫格局的重要举措之一，是政府主导扶贫开发工作的重要抓手。政府通过建立高位推动的领导机制，主导行业扶贫工作。

一是突出便民抓基础设施建设。改善基础设施和公共服务，既是扶贫的必要内容，也是实现贫困地区和贫困人口脱贫致富的重要条件。政府主要通过国家基础设施与公共服务发展规划和投资向贫困地区倾斜，以及在贫困地区实施专项扶贫开发计划来改善贫困地区的生产生活条件。通过将交通、水利、能源和环境基础设施投资向贫困人口集中的中西部地区倾斜，极大地改善了制约贫困地区发展的区域性基础设施状况。[2] 易地扶贫搬迁是最好的案例，政府通过将生产生活条件匮乏或生态环境脆弱地区的贫困人口，迁移到产业、教育、医疗均配置得当的集中安置点，确保搬迁户真正能够"挪穷窝、换穷貌、改穷业、拔穷根"。

二是突出特色抓产业发展。习近平总书记指出，"产业扶贫是最直接、最有效的办法，也是增强贫困地区造血功能、帮助群众就地就业的长远之计"[3]，农业农村部、国务院扶贫办、中华全国供销合作总社等行业部门均出台政策与规划积极支持产业扶贫，强调因地制宜发展经济林果、畜牧养殖、农产品种植等地区传统产业的同时，推动传统产业转型升级，应用"互联网＋农业""科技联盟＋龙头企业＋专业合作社"等新模式，延长产业链条，推进特色农业，实现新的增长点。

三是突出公平抓教育保障。习近平总书记强调"让贫困地区的孩子们接受良好教育，是扶贫开发的重要任务，也是阻断贫困代际传递的重要途径"[4]，各级政府一方面坚持扶贫同扶志扶智相结合，通过实施"贫困地区义

---

[1] 田得乾：《把行业扶贫这支重要力量用好》，2019年12月13日，青海理论网。
[2] 吴国宝：《改革开放40年中国农村扶贫开发的成就及经验》，《南京农业大学学报（社会科学版）》2018年第6期。
[3] 习近平2018年10月23日在广东省清远市连江口镇连樟村考察时的讲话。
[4] 《习近平扶贫论述摘编》，中央文献出版社2018年版。

务教育工程",利用财政教育基金拨款、专项贫困学生补助等方式,改善贫困地区薄弱学校基本办学条件,试行义务教育学杂费减免等措施,让义务教育年龄范围内的孩子有学可上,阻断贫困的代际传递,从整体上提高贫困区域人口的整体文化素质。另一方面加强贫困地区教师队伍建设,通过向贫困地区教师提供工资待遇和职业发展的倾斜政策,建设一支适应贫困地区环境条件、有责任心、有能力更能留得住的优秀教师队伍,保证各地区教育均衡发展。

四是突出健康抓医疗保障。健康是民生之要、脱贫之基。医疗行业深入推进健康扶贫工程,全面落实大病集中救治、重病兜底保障机制、慢病签约服务等政策,为建档立卡贫困人口购买扶贫特惠保,同时面对新冠肺炎疫情带来的影响,密切跟踪受疫情影响的贫困人口情况,及时落实好兜底保障等帮扶措施,确保健康扶贫路上不落一人。推进医共体改革,优化医疗资源配置,提升基层服务水平,做好各项地方性的、重大的疾病的防治和管控工作。

五是突出创新抓金融扶贫。作为脱贫攻坚的主力军,金融部门围绕"精准扶贫、精准脱贫",加快金融产品和服务创新,加大金融资源优化配置力度,创新性地开发多种金融产品,建立多层次、广覆盖的农村扶贫金融组织体系。银行业逐步实施信贷倾斜政策,从信贷投放、费用配置、贷款风险容忍度、人力资源等方面进一步加大金融扶贫资源保障,促进产业扶持和贫困地区脱贫有机结合。保险业扶贫重点更多集中在风险保障方面,结合贫困地区特色,多样化组合产品,形成可持续的长效扶贫机制。[①]

六是突出稳定抓土地规划与综合整治。土地是农民赖以生存和发展的最基本物质条件,是农业之本、农民之根。国土资源部门充分发挥城乡规划、土地利用规划和计划的调控保障作用,积极做好光伏扶贫电站建设、农业水利设施建设等工程,并把土地整治和高标准农田建设作为助推行业扶贫、助力精准脱贫的重要平台和抓手,在项目安排、资金分配上向贫困地区倾斜,在贫困地区掀起以土地平整、农田水利、田间道路、生态保持为主要内容的

---

① 《发挥行业优势特色创新模式助力金融精准扶贫》,2018年6月29日,每日经济网。

土地整治建设热潮，显著改善贫困地区生产生活条件和生态环境。①

七是突出可持续抓生态环境保护。建立生态环境保护扶贫大格局，将生态环境保护帮扶转化为精准脱贫成效，以生态环境保护助力脱贫攻坚，是生态环境部门的行业责任。具体举措包括将深度贫困县纳入重点生态功能区转移支付范围，加大转移支付力度；扩大区域流域间横向生态保护补偿范围，让更多深度贫困地区受益；全国生态环境系统具备规划环评能力的事业单位，优先承接贫困地区的规划环评编制项目，费用减免；推动调整和完善生态补偿资金支出或收益使用方式等等②，推动贫困地区绿色、可持续发展，真正让贫困地区、贫困人口从生态环境保护中稳定受益，打好打赢污染防治和精准脱贫两个攻坚战。

八是突出信息化抓网络扶贫。在信息化时代背景下，坚决打赢脱贫攻坚战，需要充分发挥互联网作用。为此，中央网信办、国家发展改革委、国务院扶贫办、工业和信息化部等行业部门深化拓展网络覆盖工程，扎实推进农村电商工程，深化电商扶贫频道建设，大力推进"快递下乡"工程，同时大力实施网络扶智工程，实施学校联网攻坚行动，深化宽带卫星联校试点，扩大优质教育资源覆盖面，并优化提升信息服务工程，推进部门间扶贫工作的信息共享、数据交换、比对分析等，为宏观决策和工作指导提供支撑。

可以看出，各行业部门积极主动发挥人才、技术、资金等优势，将部门职能和行业资源进一步聚焦到脱贫攻坚上来，集中力量解决行业扶贫中的短板和突出问题，为打赢脱贫攻坚战贡献行业力量。

三、政府主导的实现路径

政府作为脱贫公共产品的供给主体，依靠自身的政治优势和制度优势对扶贫资源进行自上而下的统一配置，成效显著，走出了一条具有中国特色的

---

① 王大江：《如何让土地整治助力扶贫攻坚》，《中国西部》2017年第2期。
② 生态环境部：《关于生态环境保护助力打赢精准脱贫攻坚战的指导意见》，2018年12月5日，中华人民共和国中央人民政府网。

政府主导减贫之路，其实现路径包括制定扶贫规划，确立扶贫目标，调动扶贫资源，组织、管理与实施四个方面。

1. 制定扶贫规划

扶贫规划的制定是扶贫工作顺利、有序开展的前提和基础。党的十八大以来，党和政府坚持与时俱进，科学判断扶贫形势变化和贫困问题特征，精准扶贫战略理念应运而生。2014年，中央政府相继出台了关于精准扶贫的政策性文件，如建立了精准扶贫工作机制的《关于创新机制扎实推进农村扶贫开发工作的意见》、建立了全国扶贫开发信息化平台的《全国扶贫开发信息化建设规划》和精准扶贫工作的长效机制的《建立精准扶贫工作机制实施方案》。2015年出台《中共中央国务院关于打赢脱贫攻坚战的决定》，明确到2020年农村贫困人口要实现全面脱贫。2016年2月印发《省级党委和政府扶贫开发工作成效考核办法》，以考核"指挥棒"引导各级领导干部全力扶贫，并出台《关于加大脱贫攻坚力度支持革命老区开发建设的指导意见》，明确指出要以贫困老区为重心实施精准扶贫精准脱贫机制，全力解决区域发展瓶颈。同年4月印发《关于建立贫困退出机制的意见》，明确了贫困人口、贫困村和贫困县的退出标准和程序。同年12月，国务院编制了《"十三五"脱贫攻坚规划》，明确了"十三五"时期脱贫攻坚总体思路、基本目标、主要任务和保障措施，规划了打赢脱贫攻坚战的时间表和路线图。在2017年召开的党的十九大上，习近平总书记再次强调，要在2020年全面建成小康社会的基础上坚决打赢脱贫攻坚战，自此，精准扶贫成为国家行动，中国进入精准扶贫阶段。2018年，国家提出精准扶贫精准脱贫基本方略，把提高扶贫质量放在首位，明确扶贫必须要先扶志[1]，2019年1月，中央一号文件《中共中央国务院关于坚持农业农村优先发展做好"三农"工作的若干意见》明确了坚持农业农村优先发展总方针，以实施乡村振兴战略为总抓手，确保

---

[1] 唐超、罗明忠、张苇锟：《70年来中国扶贫政策演变及其优化路径》，《农林经济管理学报》2019年第3期。

到 2020 年顺利完成承诺的农村改革发展目标任务。

总体来看，我国政府立足社会主义初级阶段基本国情，根据国民经济社会发展水平，逐步提高扶贫标准，分阶段组织实施减贫战略，持续推进扶贫开发。突出目标导向和问题导向，不断改革创新，扶贫路径由"大水漫灌"转变为"精准滴灌"，资源使用由多头分散转变为统筹集中，扶贫方式由偏重"输血"转变为注重"造血"，贫困地区考评体系由侧重考核生产总值转变为主要考核经济质量和脱贫成效[1]，不断提升精准识别、精准帮扶、精准脱贫水平，真正做到了把精准理念落到实处，扶到点上扶到根上。

2. 确立扶贫目标

一个国家或区域扶贫目标的确定，主要受政治承诺、贫困现状、减贫动力（如发展带动减贫能力、可投入扶贫资源）等方面影响。现状与目标之间的差距，就是脱贫攻坚要完成的目标任务。能否完成，取决于投入力量的大小和采取扶贫方式的有效性。为此，政府确定全面打赢脱贫攻坚战，以攻坚的方式凝聚更大力量，并全面实施精准扶贫方略，用精准扶贫方式确保贫困人口精准脱贫。

习近平总书记多次强调指出，"要坚持党中央确定的脱贫攻坚目标和扶贫标准，贯彻精准扶贫精准脱贫基本方略，既不急躁蛮干，也不消极拖延，既不降低标准，也不吊高胃口，确保焦点不散、靶心不变"[2]。坚持脱贫攻坚目标标准，既是理论问题也是实践问题，只有把握好问题的核心，才能保持定力，坚持目标标准不动摇。例如在教育扶贫方面，要加强乡镇寄宿制学校、乡村小规模学校和教师队伍建设，扎实推进义务教育控辍保学工作，加大对家庭经济困难学生的资助力度，有效阻断贫困代际传递；在健康扶贫方面，建立健全基本医疗保障制度，加强县、乡、村医疗卫生机构建设，配备合格医务人员，消除乡、村两级机构人员"空白点"，做到贫困人口看病有

---

[1] 国务院扶贫办：《人类历史上波澜壮阔的减贫篇章——新中国成立 70 年来扶贫成就与经验》，2020 年 1 月 15 日，国家乡村振兴局网。

[2]《习近平扶贫论述摘编》，中央文献出版社 2018 年版。

地方、有医生、有制度保障；在危房改造方面，加强对深度贫困地区的倾斜支持和技术帮扶，保障贫困人口基本住房安全；在饮水安全方面，加快深度贫困地区、改水任务较重地区和边境地区农村饮水工程建设，保障贫困人口喝上放心水等。[1]

3. 调动扶贫资源

我们国家的政治和制度优势，赋予了政府强大的动员能力和调配能力，能够在短时间内最大限度地调动社会资源，集中力量办大事，这也是在政府主导模式下，扶贫攻坚工作能够有效推进的重要保证。但扶贫并不仅仅是政府的责任，习近平总书记提出，"扶贫开发是全党全社会的共同责任，要动员和凝聚全社会力量广泛参与"[2]。政府在扶贫资源规模、扶贫干预稳定性上具有优势，社会组织等具有精细化、能力建设突出等优势，市场主体（企业）具有资源配置优化和效率优势，因此，要凝聚各方力量，调动扶贫资源，形成扶贫开发工作强大合力。

一是调动政府内部资源参与扶贫。合理的权利划分是扶贫资源得以有效调动的基础。党的十八大以来，坚决落实脱贫攻坚一把手负责制，省市县乡村五级书记一起抓，保持贫困县党政正职稳定，为脱贫攻坚提供坚强政治保证。完善干部驻村帮扶机制，实现对建档立卡贫困村的全覆盖，使人力资源得到有效保障。加大财政专项扶贫资金的投入力度，深入推进贫困县涉农资金整合工作，分配给贫困县的资金一律采取"切块下达"，资金项目审批权限完全下放到县，强化对脱贫攻坚战的投入保障。建立脱贫攻坚项目库和扶贫资金公告公示制度，严肃查处违纪违规案件，提高资金使用效率和效益，为扶贫工作的有序开展提供制度保障。

二是调动社会资源参与扶贫。各级政府通过财税扶持政策，健全组织动员机制，搭建社会参与平台，鼓励和吸引社会力量到扶贫地区投资兴业，拉

---

[1] 黄承伟：《准确把握脱贫攻坚的目标标准》，2020年1月16日，内蒙古社会扶贫网。
[2] 《习近平扶贫论述摘编》，中央文献出版社2018年版。

动产业发展，从根本上帮扶贫困群众。通过完善政府购买扶贫服务体制机制，提升社会组织参与精准扶贫的合法性，扩大社会组织的社会资源，发挥社会组织的技术优势，提高社会组织参与精准扶贫的深度，促进政府与社会组织合作的制度化、常态化。

三是调动市场力量参与扶贫。在政府主导下，引入市场参与扶贫资源配置和运作，能够释放市场配置扶贫资源的活力，提高扶贫成效。例如探索政府与企业在扶贫领域的 PPP 合作模式。推动市场有价值地使用土地资源，发展农村小微企业等形式充实农村市场经济，扶植发展农村小额金融，激活农村区域市场经济。大力推广"社区发展基金"机制、转移贫困地区人口市场，社会和市场因地制宜大力培育小微企业，大力发展农村经济，等等[①]，将国家主导和市场运作相统一，充分发挥"看不见的手"和"看得见的手"的协调作用。

4. 组织、管理与实施

执行和实现一项全国性的大规模减贫计划，必须要有相应的组织实施体系作保障。由于贫困是由人力资源因素、自然资源和环境因素、社会经济条件等共同作用的结果，因此，解决贫困是一个涉及多领域、多部门的工作，可以说，没有任何一个部门能够独当此任。因此，我国政府自实施扶贫开发计划之始，就意识到了这一点，在中央政府成立由相关行政职能部门组成的扶贫开发领导小组，负责组织、领导、协调、监督、检查总体扶贫开发工作，并在其下设立办公室，负责扶贫开发的具体工作，如拟定政策、规划并组织实施，协调社会各界扶贫协作，确定扶贫标准，拟定扶贫资金分配方案，开展国际合作等。随后，地方各级政府也成立相应机构，统一领导和协调本地的扶贫开发工作。同时，为调动各级政府在减贫方面的积极性，建立了分级负责制，按照"省负总责、市（地）县抓落实、工作到村、扶贫到

---

① 黄承伟：《深化精准扶贫的路径选择——学习贯彻习近平总书记近期关于脱贫攻坚的重要论述》，《南京农业大学学报（社会科学版）》2017 年第 4 期。

户"的工作机制,制定扶贫规划,分解扶贫任务,实施扶贫项目。①

在扶贫工作的实施上,政府坚持精准方略,提高脱贫实效。改革开放初期,针对农村普遍贫困的状态,实行普惠性的政策措施,使大部分地区和群众受益。党的十八大后,确定精准扶贫精准脱贫的基本方略,精准识别、精准施策,根据致贫原因有针对性地制订方案,因人因户因村施策,对症下药、靶向治疗,确保扶到点上、扶到根上。精准扶贫精准脱贫,是中国扶贫理论和实践的重大创新,它不仅是脱贫攻坚的科学方法,还成为许多工作的基本遵循。

在扶贫工作的管理上,政府坚持从严要求,促进真抓实干。把全面从严治党要求贯穿脱贫攻坚全过程和各环节,开展脱贫攻坚专项巡视和各党派民主监督,实施最严格的督查巡查和考核评估。国家每年组织脱贫攻坚成效考核,组织省际间交叉考核、第三方评估、扶贫资金绩效评价和记者暗访,检查责任落实、政策落实、工作落实情况和脱贫质量,评估识别准确率、退出准确率和群众满意度,树立脱贫实效导向,确保扶贫成效经得起实践和历史检验。②

四、政府主导的挑战与应对

政府主导减贫能够站在全局高度,高效地调动各类人力物力、动员社会力量来攻坚普遍存在且突出的贫困问题,取得了显著成效,但也面临着内部工作机制的缺陷与外部环境的制约两方面的挑战。

1.政府主导面临的挑战

内部工作机制的缺陷体现为:一是扶贫部门之间缺乏协调。扶贫部门"议事协调"的功能特征决定了其在扶贫具体事项中与其他职能部门的合作

---

① 张磊:《政府在减贫中的作用》,2007年3月26日,青海新闻网。
② 国务院扶贫办:《人类历史上波澜壮阔的减贫篇章——新中国成立70年来扶贫成就与经验》,见2020年1月15日,国家乡村振兴局网。

必不可少，各地方政府、基层政府之间的协调互助同样不可或缺。然而，由于条块分割的行政管理格局和部门利益的存在，加之各职能部门、地方政府间沟通与协调机制的缺乏，扶贫政策难免政出多门，甚至相互冲突，责任推诿、相互扯皮等不良现象也不时显现。尤其是乡镇基层政府与上级政府职能部门之间在扶贫工作上面临协调困难的问题。一方面，乡镇政府是精准扶贫工作最直接、最重要的责任主体，既要承受经费来源缺乏的现实约束，又得疲于应付上级下达各项精准扶贫的烦琐工作与任务。另一方面，乡镇政府在扶贫工作上又面临着权责不对等的现状，即掌握的财政资源与其承担的事务和责任极不对称，加之与上级职能部门存在不对等的地位关系，这些都限制了乡镇政府在扶贫工作上的自主性与灵活度，乡镇政府也很难根据扶贫工作的现实问题与实际需要与上级职能部门进行有效的沟通与协调。[1] 二是监督、考核及问责制度亟待完善。在扶贫领域，部分基层政府存在以"灵活运用"之名随意挪用、胡乱使用扶贫资金或长时间滞留扶贫资金的现象，另外，囿于基层政府自身能力建设的滞后和相应监管制度的缺失，致使一些扶贫资源并未用在"刀刃上"[2]，富人被扶贫、穷人被"脱贫"、"虚假贫困户"的存在、扶贫资金被冒领、贫困县炫富等怪现象并非个例，扶贫领域腐败和作风问题也并不少见，这不仅造成大量资金浪费，影响社会的公正与和谐，甚至可能引发全社会对国家扶贫政策的误解，因此监督、考核与问责机制是否完善事关扶贫工作的成败。

外部环境的制约体现为增长式减贫效应减弱与剩余贫困人口的脱贫难度加剧。中国在过去30多年里取得的减贫成就主要归功于持续快速的经济增长。但近年来全球经济增长出现低迷，中国经济增长速度放缓，同时劳动力成本逐年上升，劳动力密集型产业因逐渐失去优势而开始向其他国家和地区转移，产业结构开始向资本密集型和知识密集型产业转移。从当前中国农民

---

[1] 何植民、陈齐铭:《精准扶贫的"碎片化"及其整合：整体性治理的视角》,《中国行政管理》2017年第10期。

[2] 何植民、陈齐铭:《精准扶贫的"碎片化"及其整合：整体性治理的视角》,《中国行政管理》2017年第10期。

的收入结构来看，外出务工的工资性收入是重要的收入来源，也是农民脱贫致富的重要途径。产业结构调整使贫困人口就业的门槛逐渐提高，对贫困人口自身素质的要求也相应提升，贫困人群失业和陷入贫困的风险加大，就业市场上的弱势群体将更加脆弱，失业压力使未来贫困人口的脱贫难度加大。与此同时，经济增长变缓使得财政专项扶贫资金的增量空间有限，加之前期经济刺激政策的消化还需要较长的时间，为贫困人群提供强支持力度的新政策的效用变低。另外，经过多个阶段的扶贫开发，当前的剩余贫困人口呈现分散化与连片特殊贫困地区集中化并存的特点，致贫因素更加复杂，脱贫难度更大[1]，这些外部环境的变化对以政府为主导的减贫工作构成了很大的挑战。

2. 完善政府主导的贫困治理体系

由政府主导的减贫工作面临着内部工作机制缺陷与外部环境制约两方面的挑战，随着脱贫攻坚工作走向决战决胜、全面收官的关键阶段，贫困治理难度加大，新的贫困治理诉求要求建构更加合理、完善的贫困治理格局。但市场具有逐利性，以市场为主导的减贫模式不可避免会出现市场失灵、损害人民群众利益的情况，而社会力量在中国成长的时间较短，社会空间的发育不完善，社会扶贫的各个主体还处于与外部环境相适应的阶段[2]，以社会为主导的减贫模式也存在巨大风险，因此政府主导依然是中国特色社会主义制度下的必然选择，贫困治理体系也必然要在政府主导下，由多方参与来建构和完善。

贫困治理体系的建构要构筑党政多部门合作与上下联动的治理模式，一是通过正向引导与负面告诫消解部门利益分化，将各部门的关注点从部门利益转向脱贫攻坚公共利益。二是优化党政机关职能定位，向基层政府合理赋

---

[1] 汪三贵、殷浩栋、王瑜：《中国扶贫开发的实践、挑战与政策展望》，《华南师范大学学报（社会科学版）》2017年第4期。

[2] 陆汉文、梁爱有、彭堂超：《政府市场社会大扶贫格局》，湖南人民出版社2018年版。

权,改变以往基层政府等(政策)、要(项目)、靠(上级)的被动状态[①],实现权、责、事统一,理顺层级关系。三是完善干部激励与容错纠错制度,加大问责监督力度。一方面把全面从严治党贯穿脱贫攻坚全过程,开展督察巡查,加大扶贫领域的腐败与作风专项治理力度,发现一起严肃问责一起,不断强化干部作风建设。另一方面建立干部激励与容错纠错制度,通过良好的用人导向,巩固发展风清气正的政治生态,激发各部门干部的参与积极性,对村"两委"干部同样给予荣誉与待遇并进行引导,释放各级干部工作潜力。

贫困治理体系的建构还要构建多元治理主体协同机制。完善"党委领导、政府主导、社会协同、公众参与、法治保障的治理体系"是完善国家治理体系与实现治理能力现代化的努力方向。在贫困治理当中,破解"政府—贫困群体"单向结构困境,有效动员其他主体参与则是构筑大扶贫格局、形成合力的关键因素,因此可以通过风险担保与利益共享的方式构筑"党委—政府—市场—社会—公众"多元治理主体协同机制。在传统贫困治理模式中,市场往往在政府主导下,通过开展项目、带动就业、慈善捐赠等方式参与贫困治理,处于被动参与地位,一旦项目结束或捐赠终止,市场力量的撤出常常导致扶贫效果大打折扣。为了发挥市场的最大效益,政府既可通过政府授信、风险补偿方式,引入保险管控风险,鼓励银行简化贷款审批流程,为发挥市场力量提供金融支持,又可通过利益共享,建立"政府+企业+合作社+农户"利益共享机制,实现扶贫效益最大化。与此同时,发挥村社共同体的社会力量,赋予村集体收益分配权,发展壮大村级集体经济,提高村社共同体参与贫困治理的可行性。除此之外,还可以通过补贴、贷款支持等方式引导村庄先富精英通过产业示范、代养代种等方式,构筑先富群体与贫困群体的利益衔接机制和"村级合作社+农户"的利益联结体[②],发挥乡村精英及致富带头人的价值与作用,实现"先富带后富",打开贫困治理格局。

---

① 田丰韶:《从体制区隔走向协同治理:兰考精准脱贫的实践与思考》,《中国农业大学学报(社会科学版)》2017年第5期。

② 田丰韶:《从体制区隔走向协同治理:兰考精准脱贫的实践与思考》,《中国农业大学学报(社会科学版)》2017年第5期。

第四章

聚焦贫困：
从区域扶贫到精准扶贫

从20世纪80年代开始,中国实施大规模的农村减贫,在减贫中合理地确认目标群体、保证扶贫资源能够有效地达到贫困群体,采取有针对性的措施帮助贫困群体摆脱贫困,构成中国减贫经验的重要经验。在经济发展水平较低的时候,中国采用了较低的贫困线以使有限的扶贫资源聚焦到最贫困人群,随着经济发展和扶能实力的增强,中国逐步提高了贫困标准,从而使扶贫政策覆盖更多的人群;扶贫资源的投向经历了区域扶贫、重点县和重点村的整村推进,最终聚焦贫困农户。在总结中国贫困经验的基础上,党的十八大以后开始实施精准扶贫战略,通过"五个一批"和"六个精准",解决了"扶持谁、谁来扶、怎么扶、如何退"的问题,在精准扶贫过程中,最大程度地实现了扶贫对象、扶贫手段和扶贫效果的精准。

一、区域扶贫与到村到户

从20世纪80年代到21世纪的第一个十年,中国的扶贫经历了从区域扶贫到聚焦贫困村和贫困户的过程,在这个过程中,随着扶贫资源的增加和扶贫技术的不断完善,扶贫的目标群体不断清晰,扶贫资源使用效率不断提高。

1. 聚焦贫困人群的机制

目标瞄准是国际上扶贫最为关注的问题,只有将扶贫资源用于贫困人群,才能提高扶贫资源的使用效率,防止出现扶贫资源被用于非贫困人群,同时也防止在扶贫领域出现腐败。但是目标瞄准是比较难以解决的问题,特别是在农村减贫中，这个问题尤其突出①。这不仅因为农民的收入多样，难于进行精确统计，而且因为不同时期经济发展水平不同，投入的扶贫资源不同，扶贫资源的覆盖范围和扶贫力度也都不同。为了解决目标瞄准问题，中国广泛地借鉴了国际扶贫经验。

制定贫困线是确定贫困人群的有效方法，世界银行发布的贫困线对于发展中国家有重要的参考意义。世界银行20世纪90年代和21世纪的前两个十年，分别采用每人生活费每天1美元、1.25美元和1.9美元的标准，用于测算全球的贫困人口。尽管贫困线有助于测算贫困人口数量，但是却很难基于贫困线识别具体的贫困人群，因为农村贫困人口的贫困表现非常复杂且数据收集困难。习近平总书记曾经指出："多年来，我国贫困人口总数是国家统计局在抽样调查基础上推算出来的，没有具体落实到人头上。也就是说，这么多贫困人口究竟是谁、具体分布在什么地方，说不大清楚。要问有多少贫困户，还可以回答个大概齐；要问谁是贫困户，则大多是说不准。"②在实施扶贫政策的时候，三类识别贫困人口的方法被经常采用，第一种是基于农户的家计调查，通过有代表性的指标来确定贫困人群，典型的如住房、固定资产等等③；第二种采取参与式方法，通过社区农户的相互评估，讨论确认社区内的贫困群体，因为农村居民往往是相互熟悉的，因此参与式的贫困评估可以获得较为客观的贫困状况评价；第三种是在一些特定的扶贫方案中会采取自动瞄准的机制，提高享受扶贫政策的成本，从而排除非贫困户搭便车的行为，典型的如孟加拉的格莱珉银行（Grameen Bank）小额信贷的扶贫设计。④

---

① 毕洁颖、陈志钢：《国际贫困瞄准的经验及对中国的启示》，《世界农业》2019年第5期。
② 《习近平扶贫论述摘编》，中央文献出版社2018年版，第61页。
③ 斯蒂芬·基德：《瞄准穷人：对代理生活状况调查方法的评估》。
④ 蒋远胜：《中国农村金融创新的贫困瞄准机制评述》，《西南民族大学学报（人文社会科学版）》2017年第2期。

2. 逐步提高贫困线以覆盖更多目标人群

贫困线是确定扶贫目标群体的重要参考指标，1986年中国政府第一次公布农村贫困线，将农民人均收入206元作为农村贫困的标准[①]。这条贫困线的确定是基于农民每天维持生存的最基本食物需求制定的，非食物消费只占15%。按照这一标准，当年农村贫困人口达到1.25亿人。随着贫困人口减少，2000年在测算贫困线的同时又公布了低收入线，低收入线是在降低食品支出比例的基础上测算的，非食品支出高于绝对贫困线25个百分点，并在2008年将低收入线作为中国农村的贫困线。贫困线的提高增加了贫困人口的数量，如在2007年，按照原有的绝对贫困线标准，农村贫困人口还有1479万人，但是按照新的标准，贫困人口则增加到4320万人。2010年农村贫困线又被大幅度提高到2300元，这比原有的贫困线提高了92%，并使中国减贫的目标群体从2600万人增加到1.28亿人。[②]

贫困线是随着经济发展水平的提高而不断提高的，20世纪80年代，中国贫困人口数量大，分布广，而政府投入扶贫的财力有限，低标准的贫困线可以保证有限的扶贫资源聚焦到最贫困人群；随着经济发展，一方面，贫困线与农民人均收入之间的差距在扩大，低标准的脱贫与社会经济发展不平衡；另一方面，贫困人口也对脱贫提出更高的要求，国家也有更多的财力用于支持贫困人口，因此，在2008年贫困线做调整以后，2010年《中国农村扶贫开发纲要（2011—2020年）》明确提出扶贫的目标是稳定实现扶贫对象不愁吃、不愁穿，保障其义务教育、基本医疗和住房的"两不愁三保障"，并确定了到2020年实现现有标准下贫困人口的全部脱贫的目标。中国的扶贫过程从数量到质量都是一个逐渐增加和提高的过程。

在党的十八大以后，脱贫攻坚的目标进一步明确，贫困人口脱贫的标准不仅要达到以2010年不变价格计算的2300元，而且要实现"两不愁三保

---

① 这也被称为1978年贫困线，按照这个标准倒推，1978年贫困人口的标准为人均收入100元。
② 鲜祖德等：《中国农村贫困标准与贫困监测》，《统计研究》2016年第9期。

障"。这一标准大体相当于2010年农村居民收入的40%，这一目标的实现意味着中国农村的脱贫标准已经略高于世界银行2015年发布的每天1.9美元的贫困标准。脱贫成效也不仅仅是收入提高，更重要的是实现农村公共服务的均等化，在教育、医疗和住房、饮水等公共服务方面，贫困人口得到了充分的保障。

3. 聚焦贫困地区和贫困县

中国贫困人群的分布呈现区域性特征，特别是集中在中西部的山区、干旱地区和高海拔地区，因此扶贫从区域扶贫起步。1983年开始了针对河西、定西和西海固的"三西扶贫"，通过改善基础设施、发展农业产业，促进农户增收，推动了深度贫困地区的减贫。[①]"三西扶贫"为区域扶贫积累了经验，成为区域扶贫的示范。1984年，中共中央、国务院发布的《关于帮助贫困地区尽快改变面貌的通知》中，就指出"解决贫困地区的问题要突出重点，目前应集中力量解决十几个连片贫困地区的问题"。1986年，我国开始了大规模、有组织的扶贫开发活动，明确了14个"连片贫困地区"是扶贫重点。1988年，国开发2号文件在落实"七五"扶贫贴息贷款时，对原有14个连片贫困地区做了调整，划分为18个贫困县相对集中的区域：沂蒙山区、闽西南、闽东北地区、努鲁儿虎山地区、吕梁山区、秦岭大巴山区、武陵山区、大别山区、井冈山和赣南地区、定西干旱地区、西海固地区、陕北地区、西藏地区、滇东南地区、横断山区、九万大山区、乌蒙山区和桂西北地区。[②]

在扶贫资源投入上，则主要聚焦于集中连片贫困地区内的国定贫困县。1986年基于农民人均收入150元的标准确立了331个国家级贫困县，对这些贫困县实施了特殊的扶持政策。1994年实施《国家八七扶贫攻坚计划》，

---

① 郭继强：《"三西"建设在开发扶贫中的实践模式及其价值》，《社科纵横》1996年第5期。
② 万君、张琦：《区域发展视角下我国连片特困地区精准扶贫及脱贫的思考》，《中国农业大学学报（社会科学版）》2016年第5期。

国家重点扶持的贫困县也增加到 592 个。八七扶贫攻坚计划首次明确提出中央的财政、信贷和以工代赈等扶贫资金集中投放到国家重点扶持的贫困县。①

区域性的扶贫对于改善贫困地区的基础设施建设，推动贫困地区的产业发展起到了重要作用。同时区域扶贫也使扶贫项目最大程度覆盖贫困人群，1994 年开始八七扶贫攻坚计划的时候，71% 的贫困人口都集中在国定贫困县。②实践证明，连片贫困地区开发和集中国定贫困县的财政扶贫资金投入为扶贫确定了清晰的目标，引导了各方扶贫资源的投入，这个策略在 2011 年国家公布的《中国农村扶贫开发纲要（2011—2020 年）》中得到进一步完善，在新的扶贫纲要中，确定了 14 个集中连片贫困地区，并制定了相应的片区发展规划，同时将原有的国定贫困县和片区贫困县共 832 个县作为扶贫的主战场。

4. 到村到户的扶贫

尽管区域性开发和国定贫困县的扶贫策略引导扶贫资源集中于贫困人口集中的贫困片区和贫困县，但是由于瞄准范围还比较宽泛，仍然不能完全聚焦贫困人口。一方面，尽管大多数贫困人口分布在贫困县，但是在贫困县也存在大量非贫困人口，聚焦贫困县并不能保证所有扶贫资源被用于贫困人群；另一方面，在贫困县之外也存在贫困人口，而且随着贫困县内贫困人口减少，非贫困县的贫困人口比例在上升，聚焦贫困县的政策使贫困县之外的贫困人群难以获得有效帮助。

随着国家在扶贫重点县持续的扶贫投入，贫困人口分布发生了变化，在进入 2000 年以后，只有 55% 的贫困人口集中在扶贫重点县，如果扶贫仍然以国家级贫困县为目标，就意味着 45% 的贫困人口不能得到来自中央政府的各项扶贫政策和扶贫资源的支持。因此，在《中国农村扶贫纲要（2001—

---

① 檀学文、谭清香：《贫困县发展评价与退出策略》，载李培林等主编《中国扶贫开发报告（2016）》，社科文献出版社 2016 年版。

② 汪三贵、曾小溪：《从区域扶贫开发到精准扶贫——改革开放 40 年中国扶贫政策的演进及脱贫攻坚的难点和对策》，《农业经济问题》2018 年第 8 期。

2010年)》中提出了整村推进的战略。①整村推进有两个含义，第一，是识别出14.8万个贫困村，国家的扶贫资源将优先投入这些贫困村。第二，在贫困村中要整合不同的资源，基于自下而上的参与式村级扶贫规划，对贫困村的特色产业发展和基础设施改善、公共服务水平提高进行整体的帮扶。整村推进是对扶贫重点县体制的进一步深化，改善了扶贫工作的目标瞄准机制。据测算，当时80%的贫困人口集中在贫困村中，整村推进不仅可以覆盖到非贫困县的贫困人口，而且也避免了贫困县内非贫困人口享用扶贫资源。

《中国农村扶贫开发纲要（2011—2020年）》强调要扶贫到户，指出"集中用于培育特色优势产业、提高扶贫对象发展能力和改善扶贫对象基本生产生活条件，逐步增加直接扶持到户资金规模。创新扶贫资金到户扶持机制，采取多种方式，使扶贫对象得到直接有效扶持。使用扶贫资金的基础设施建设项目，要确保扶贫对象优先受益，产业扶贫项目要建立健全带动贫困户脱贫增收的利益联接机制"。

扶贫到村到户是在国定贫困县的基础上，进一步将扶贫资源聚焦贫困人群，在改善贫困村的基础设施的基础上，增强贫困户的发展能力。

二、精准扶贫：靶向瞄准

2011年，中国开始执行《中国农村扶贫开发纲要（2011—2020年）》，贫困线标准被大幅度提高，并确立到2020年实现全部农村绝对贫困人口脱贫的目标。纲要的实施改变了中国农村贫困的形式。首先，贫困人口迅速减少。2010年贫困线提高以后，全国贫困人口超过1.6亿人，但是到2013年底，超过50%的人口已经脱贫。其次，剩余的贫困人口多是贫困程度比较深，脱贫难度大的人群，特别是那些居住在边远山区、自然条件非常恶劣的贫困人口。一些贫困家庭缺少劳动力，因病、因学致贫，剩余的贫困人口致贫的原因多种多样，采取简单的帮扶已经无法满足贫困户脱贫的需求，必须要采取

---

① 刘坚：《以"整村推进"提高扶贫成效》，《光明日报》2005年5月30日。

有针对性的措施。最后，剩余贫困人口的减少也意味着以区域和贫困县为对象的扶贫很难聚焦于贫困户，要实现分散在14个片区832个县的贫困人口脱贫，就需要实现更加精准的扶贫。2013年习近平总书记首次提出精准扶贫，强调要"真扶贫、扶真贫"，开始了精准扶贫、精准脱贫的脱贫攻坚战。

1. 两不愁三保障：新的扶贫目标

2020年为完成《中国农村扶贫开发纲要（2011—2020年）》要求年，在这十年间，中国农村贫困发生率从将近10%降低到不足3%。但是由于扶贫标准较低，返贫现象仍然时有发生，制约贫困地区发展的深层矛盾依然存在，特别是在一些连片贫困地区，扶贫开发任务仍十分艰巨。在第二个十年扶贫开发纲要中，中国扶贫标准被大幅度提高，从以解决温饱为主要任务的阶段转入巩固温饱成果、加快脱贫致富、改善生态环境、提高发展能力、缩小发展差距的新阶段。

新的扶贫开发纲要中确立的扶贫目标是"到2020年，稳定实现扶贫对象不愁吃、不愁穿，保障其义务教育、基本医疗和住房。贫困地区农民人均纯收入增长幅度高于全国平均水平，基本公共服务主要领域指标接近全国平均水平，扭转发展差距扩大趋势"。这一目标比前一个十年"尽快解决少数贫困人口温饱问题，进一步改善贫困地区的基本生产生活条件，巩固温饱成果"的目标提高了许多，为此中央政府大幅度提高了贫困线的标准，在2011年的扶贫开发工作会议上宣布将农民人均纯收入2300元作为新的国家扶贫标准。这个标准比2009年1196元的标准提高了92%，对应的扶贫对象规模达到1.28亿人，占农村户籍人口比例约为13.4%。提高后的脱贫标准不仅覆盖了贫困户最基本的生存需求，而且覆盖了贫困农户的发展需求，将教育和医疗纳入解决贫困的标准中，在衣食之外增加了住房的指标。提高后的扶贫标准逐渐与国际通行标准接轨，[①]如果按照购买力平价计算，新的扶

---

① 程蹊、陈全功：《较高标准贫困线的确定：世界银行和美英澳的实践及启示》，《贵州社会科学》2019年第6期。

贫标准略高于世界银行新公布的1.9美元的贫困标准。[1]

从2011年开始，三年时间农村贫困人口减少超过4000多万人，到2013年底，全国还有农村贫困人口8249万人，贫困发生率8.5%。这些贫困人口大多分布在高寒山区、干旱地区，当地基础设施落后，文化教育水平低，要稳定实现"两不愁三保障"，需要采取更加强有力的措施。

2. 精准扶贫战略提出

在剩余的7年中要实现8000万贫困人口的脱贫，是一项艰巨的任务。首先是任务重，7年时间解决8000万剩余的贫困人口脱贫问题，平均到每年都需要减少贫困人口1000万人以上；其次是难度大，在这部分尚未脱贫的人口中，既有因为贫困线提高而新增的贫困人口，也有许多经过多年帮扶、一直没有脱贫的贫困人口，而在新的扶贫目标中要保证所有贫困人口的脱贫，一个也不能少，这增加了脱贫的难度；最后是标准高，提高了贫困线以后，解决贫困人口的标准比以往的脱贫标准有了大幅度提高，稳定的脱贫需要有稳定的产业发展、良好的基础设施建设和大幅度提高的公共服务水平。在7年的时间内，要使如此多的贫困人口实现高标准的脱贫，仅仅依靠常规的方法是不可能实现的，正像习近平总书记所指出的："当前脱贫攻坚既面临一些多年未解决的深层次矛盾和问题，也面临不少新情况新挑战。脱贫攻坚已经到了啃硬骨头、攻坚拔寨的冲刺阶段，所面对的都是贫中之贫、困中之困，采用常规思路和办法、按部就班推进难以完成任务，必须以更大的决心、更明确的思路、更精准的举措、超常规的力度，众志成城实现脱贫攻坚目标。"[2] 实现这一目标的途径就是习近平总书记提出的精准扶贫战略。

2013年习近平总书记在湖南十八洞村首次提出精准扶贫，强调"实事求是、因地制宜、分类指导、精准扶贫"。精准扶贫被总书记形象地比喻为变"大水漫灌"为"精准滴灌"，指出扶贫不能"手榴弹炸跳蚤"，"遍撒胡

---

[1]《扶贫办：中国最低贫困标准略高于世行公布水平》，2015年12月15日，新华网.xinhuanet.com/politics/2015-12/15/c-128532231.htm。

[2]《习近平扶贫论述摘编》，中央文献出版社2018年版，第16页。

椒面"解决不了大问题。随后中共中央办公厅和国务院办公厅印发《关于创新机制扎实推进农村扶贫开发工作的意见》，文件要求"建立精准扶贫工作机制"，提出"国家制定统一的扶贫对象识别方法"，"对每个贫困村、贫困户建档立卡，建设全国扶贫信息网络系统。专项扶贫措施要与贫困识别结果相衔接，深入分析致贫原因，逐村逐户制定帮扶措施，集中力量予以扶持，切实做到扶真贫、真扶贫，确保在规定时间内达到稳定脱贫目标"。

精准扶贫要实现"真扶贫、扶真贫"的目标，其关键是解决"扶持谁、谁来扶、怎么扶、如何退"的问题，也就是在扶贫对象、帮扶措施和帮扶责任人都要有针对性，具有可操作性且落实责任。2015年6月18日，习近平在贵州召开部分省区市党委主要负责同志座谈会上明确强调，"扶贫开发贵在精准，重在精准，成败之举在于精准"。他提出"6个精准"，要求各地都要在扶持对象精准、项目安排精准、资金使用精准、措施到户精准、因村派人（第一书记）精准、脱贫成效精准上想办法、出实招、见真效。

3. 建档立卡：扶真贫

习近平总书记在2014年指出："精准扶贫，就是要对扶贫对象实行精细化管理，对扶贫资源实行精确化配置，对扶贫对象实行精准化扶持，确保扶贫资源真正用在扶贫对象身上、真正用在贫困地区。"[①]将贫困人群精准地识别出来作为扶贫的目标群体是精准扶贫的基础，也是长期以来扶贫所努力的方向，在《国家八七扶贫攻坚计划》中就强调要"扶持贫困户创造稳定解决温饱的基础条件"，《中国农村扶贫开发纲要（2001—2010年）》明确要求"扶贫开发工作重点县，必须把扶贫开发作为党委和政府的中心任务，以扶贫开发工作统揽全局，负责把扶贫开发的政策措施真正落实到贫困村、贫困户"。并且要"积极稳妥地推广扶贫到户的小额信贷，支持贫困农户发展生产"。2005年，国务院扶贫办等部门印发《共同做好整村推进扶贫开发构建和谐文明新村工作的意见行政许可若干规定》，要求根据"整村推进"扶贫

[①]《习近平扶贫论述摘编》，中央文献出版社2018年版，第58页。

开发规划，分类指导、因村制宜、因户制宜，逐村逐户地解决问题，落实帮扶措施，实现贫困村内的行业发展目标。

为了更准确地识别贫困人群，《中国农村扶贫开发纲要（2011—2020年）》中明确提出，以"在扶贫标准以下具备劳动能力的农村人口为扶贫工作主要对象。建立健全扶贫对象识别机制，做好建档立卡工作，实行动态管理，确保扶贫对象得到有效扶持"。通过深入的调查，将贫困农户识别出来，通过系统的分析以确立其致贫原因，并在此基础上明确帮扶责任和帮扶措施，是实现精准扶贫的重要手段。

建档立卡是一项复杂的工作，无论信息的采集还是分析都需要投入大量的人力，因此在实施精准扶贫战略之前，尽管扶贫部门已经提出了建档立卡的设想，但是一直停留在试验阶段。国务院扶贫办于2005年4月27日发出《关于进一步加强贫困人口建档立卡和扶贫动态监测工作的通知》，开展贫困人口建档立卡工作，以期为我国扶贫开发工作提供更准确、更全面的基础数据，但是只是在8个省区进行试点。

在实施精准扶贫以后，建档立卡真正成为精准扶贫的有效工具。2014年，国务院扶贫办印发《扶贫开发建档立卡工作方案》，开始了大规模的建档立卡。建档立卡包括两个内容，即贫困村的建档立卡和贫困户的建档立卡，其中贫困户建档立卡的任务更为繁重和困难。判断贫困户的标准主要基于2013年农民人均纯收入2736元（相当于2010年2300元不变价），综合考虑住房、教育、健康等情况，按照各省分解到村的贫困人口数量，通过农户申请、民主评议、公示公告和逐级审核的方式，整户识别。建档立卡开始于2014年，随后在2015年对建档立卡的结果进行了大规模的回头看，通过对原有建档立卡贫困户的核实审查，提高建档立卡的质量，解决了有些贫困户没有被包括在建档立卡户中，有些非贫困户却进入建档立卡户的问题。

建档立卡解决了长期以来无法具体识别贫困户的困难，使扶贫政策和措施覆盖了所有贫困户，将贫困状况、贫困原因和扶贫措施相结合，在大数据收集分析的基础上使精准扶贫的规划、实施和评估成为可能，这在全球减贫历史上也是一个创举。

4. 公开透明、动态管理

建档立卡是一个综合的过程，体现了公开透明、群众参与、客观公正和因地制宜的精神。通过建档立卡，不仅明确了贫困户，而且确定了其致贫原因和帮扶的责任。

首先，在建档立卡中，坚持村民参与和公开透明的原则，所有的贫困户的确定都要经过村民评议和信息公开。农民收入的多样性造成收入统计的困难，特别是在大量农村劳动力进入城市以后，很难获得精确的收入信息，村民评议可以有效解决信息不足的问题，提高了建档立卡的客观性；所有的贫困户名单要张榜公布，接受群众监督，减少在建档立卡中出现优亲厚友等腐败行为。

其次，强化建档立卡的责任。在建档立卡中，村"两委"的干部、乡镇包村干部和驻村帮扶工作队是建档立卡的主要责任人，他们在工作中要对所有贫困户进行多次访问，详细了解贫困户的情况，并与贫困户进行讨论，分析其致贫原因和帮扶措施，并建立对口帮扶的责任人。明确的责任制度提高了建档立卡的质量。

此外，在实际的工作中，为了使建档立卡具有可操作性，各个地区都产生了一些适合当地情况且便于操作的识别方法。比如建立排除的清单，成员中有国家公职人员、有稳定收入的家庭原则上不纳入建档立卡户中；有一些高档消费品的，比如有汽车的不能作为建档立卡贫困户。贵州威宁县迤那镇在实践中总结的"四看法"，受到了习近平总书记的高度肯定："搞准扶贫对象，一定要进村入户，深入调查研究。贵州省威宁县迤那镇在实践中总结出了'四看法'：一看房、二看粮、三看劳动力强不强、四看家中有没有读书郎。看房，就是通过看农户的居住条件和生活环境，估算其贫困程度；看粮，就是通过看农户的土地情况和生产条件，估算其农业收入和食品支出；看劳动力强不强，就是通过看农户的劳动力状况和有无病残人口，估算其务工收入和医疗支出；看家中有没有读书郎，就是通过看农户受教育程度和在校生现状等，估算其发展潜力和教育支出。'四看法'实际效果好，在实践中管用,是一个创造,可以在实践中不断完善。"①

再次,建档立卡是一个动态的过程,随着扶贫的深入,建档立卡也在不断完善。从2014年开始建档立卡,到2015年通过回头看,剔除不符合条件的农户,增加符合条件的贫困户,提高建档立卡的准确率;在大量贫困人口脱贫以后,建档立卡相应进行调整,"应入尽入,应退尽退",从而使建档立卡能够及时地反映脱贫的进展。

最后,建档立卡充分利用了现代信息技术。建档立卡的数据经过逐级审核上报形成全国性的数据平台,这一数据库在扶贫的历史上第一次实现了全部贫困农户信息的收集和分析,这一工作的完成为精准扶贫的决策提供了支撑,借助现代信息技术,特别是大数据技术,各级决策者可以及时获得数据支持进行决策。

三、精准脱贫:因人施策

精准地识别出贫困群体,从而使扶贫目标明确仅仅是精准扶贫的第一步,更重要的在于如何采取有效措施,形成精准脱贫的机制。精准扶贫、精准脱贫被习近平总书记概括为"六个精准"和"五个一批",这个概括不仅对中国的精准扶贫实践进行了精确的概括,而且丰富了扶贫理论。

1. 六个精准,多维聚焦贫困

习近平总书记从六个方面概括了精准扶贫的内涵。他强调要"切实做到精准扶贫。扶贫开发推进到今天这样的程度,贵在精准,重在精准,成败之举在于精准。搞大水漫灌、走马观花、大而化之、手榴弹炸跳蚤不行。要做到六个精准,即扶持对象精准、项目安排精准、资金使用精准、措施到户精准、因村派人(第一书记)精准、脱贫成效精准。各地都要在这几个精准上

---

① 《习近平扶贫论述摘编》,中央文献出版社2018年版,第59页。

想办法、出实招、见真效"。①六个精准成为一个整体,构成了精准扶贫的精髓。

在六个精准中,扶持对象精准是基础,通过建档立卡,锁定了贫困人群,为扶贫提供了目标。

项目、资金和措施精准是手段,在识别出贫困户以后,要分析贫困户的致贫原因,采取不同的措施。中国的扶贫特色在于开发式扶贫,为有劳动能力的贫困农户创造条件,使他们能够通过发展产业,增加收入。到精准扶贫时期,扶贫措施更加丰富,针对不同的致贫原因,采取了不同的措施,有针对性地开展了教育扶贫、医疗扶贫、就业扶贫、资产扶贫、易地搬迁等多种扶贫举措。有针对性的扶贫项目、扶贫资金和扶贫措施保障了扶贫的效果。

因村派人是关键。为了有效地实施精准扶贫,超过300万人的各级干部组成驻村帮扶工作队,每个贫困村都选派了第一书记,对贫困村进行帮扶,这些帮扶干部和第一书记在精准扶贫中发挥了重要作用,他们加入贫困村的扶贫工作以后,贫困村的治理能力得到明显提高,扶贫资源的分配更加公平、透明,他们帮助贫困村发展产业、开拓市场,发挥各自的优势解决贫困村、贫困户的具体问题。各地总结了不同的派驻经验,如"科技干部配产业村、经济干部配贫困村、政法干部配乱村、党政干部配难村和退休干部回原村"的做法就将村庄的需求和驻村帮扶干部的特点结合起来。

脱贫成效精准是目标。脱贫成效精准首先要保障真正的脱贫,为了防止出现虚假脱贫,特别是经常出现的盆景式脱贫、游走式脱贫或算账式脱贫,在精准扶贫中实施了最严格的评估制度;其次,在精准脱贫中也反对拔高脱贫标准,坚持"两不愁三保障"的扶贫标准,不能将脱贫与致富混淆。

2. 五个一批,精准施策

在进入精准扶贫时期以后,致贫的原因更加复杂,解决贫困问题需要采取多种手段。习近平总书记指出,"解决好'怎么扶'的问题。开对了'药

---

① 《习近平扶贫论述摘编》,中央文献出版社2018年版,第58页。

方子',才能拔掉'穷根子'。要按照贫困地区和贫困人口的具体情况,实施'五个一批'工程。"[1]"五个一批"是发展生产脱贫一批、易地搬迁脱贫一批、生态补偿脱贫一批、发展教育脱贫一批、社会保障兜底一批。"五个一批"的策略在实践中得到不断发展,因此对"五个一批"的概括也越来越丰富。"五个一批"的核心是分类施策,针对不同致贫原因,采取不同措施。将开发式扶贫与保障式扶贫相结合,发挥多种扶贫措施的作用,同时基于实践,不断总结新的经验,扶贫的方式也不断得到丰富和发展。

"五个一批"的提出,丰富了扶贫理论。在传统的扶贫理论中,往往只关注贫困农户的收入增加,但是通过发展生产增加收入只能解决一部分人的扶贫问题,还有许多贫困人口无法参与产业扶贫和就业扶贫,必须要有针对性地采取措施,比如居住在生态环境恶劣地区的贫困人口,一方水土不能养活一方人,只有改变其生存环境,实施易地搬迁。同样,对于那些失去劳动能力的人,也需要大幅度提高社会保障水平,因此教育、健康和社会保障都作为扶贫的重要手段。

"五个一批"是对中国扶贫措施的高度概括,为扶贫资源的动员和使用指明了方向,对不同的扶贫措施进行了清晰的定位。在实施精准扶贫过程中,各个政府部门和社会组织都参与了精准扶贫的实施,基于"五个一批",各个部门发挥各自的优势,从不同的角度完成"五个一批"的任务,在扶贫中形成合力,最大程度地彰显了中国共产党和中国政府的优势,即能够实现扶贫中的跨部门合作,整合扶贫资源。

3. 注重成效,精准脱贫

脱贫攻坚的成效需要进行客观的评估和检验。党的十八大以后,形成了完整的扶贫考核、评估和退出机制。

考核既是对脱贫成效的检验,也是对扶贫工作的促进。精准扶贫时期的工作考核既重视成效考核,也严格进行过程考核,引入了多种主体参与的考

---

[1] 《习近平扶贫论述摘编》,中央文献出版社2018年版,第65页。

核和监督机制,实施了严格的问责制度。首先,各级政府和从事扶贫工作的部门对于资金使用、扶贫工作程序和参与扶贫工作的人员都制定了严格的考核程序,形成规范的考核流程;其次,形成了多种考核和监督机制,充分发挥跨省跨县的扶贫机构、民主党派、新闻媒体和村民参与的作用,做到扶贫工作的公开透明;最后,对于在考核和监督中发现的问题,进行严格的问责,限期整改。

扶贫成效最终体现在贫困人群的脱贫,精准扶贫阶段执行了严格的贫困退出机制。2016年中共中央办公厅、国务院办公厅印发《关于建立贫困退出机制的意见》,对贫困户、贫困村和贫困县的退出标准做出明确安排,对于退出的程序提出明确要求。贫困户的退出需要经过村党支部和村委会组织的民主评议,村"两委"和驻村工作队的核实,拟退出贫困户的认可,村内公示无异议后,公告退出。经过严格的指标考核、群众的参与监督,包括第三方评估在内的监测评估。退出的过程公开、民主、透明,从而保证了精准退出。

四、贫困治理的中国经验

中国贫困治理的核心经验是"扶真贫、真扶贫",为了达到这一目标,在不同时期采取了不同的措施,随着减贫工作的深入,扶贫越加精准。进入消除绝对贫困、攻坚克难的时期,就需要采取精准扶贫的策略。2018年,第73届联合国大会通过关于消除农村贫困的决议,把中国倡导的"精准扶贫"理念与实践写入其中。联合国秘书长古特雷斯认为,精准扶贫方略是"帮助最贫困人口、实现2030年可持续发展议程中宏伟目标的唯一途径"。

中国正处于从解决绝对贫困问题向解决相对贫困问题、从超常规扶贫到常规扶贫的转变时期,未来的扶贫任务会更加复杂,更需要扶贫的精准。

1. 中国的贫困治理经验

贫困治理的核心问题是解决"扶真贫和真扶贫",在解决这两个问题的实践中形成了中国的贫困治理经验。

第一，随着社会经济不断发展，逐步提高扶贫的标准，保障扶贫资源被用于贫困人群，使贫困人群共享社会经济发展成果。经济发展的水平决定了扶贫的覆盖面和扶贫的标准，在扶贫中要保持扶贫标准与社会经济发展水平的平衡。

第二，要基于贫困治理的技术水平和扶贫成本，选择有效的聚焦贫困的机制。从区域扶贫到到村到户，并最终实施精准扶贫，是一个逐步完善的过程。精准扶贫中通过客观的信息收集、村民参与和贫困户致贫原因分析，采取多种策略扶持贫困户的发展。

第三，在扶贫中既要发挥政府的主导作用，同时也要发挥村民参与和社会监督，保证扶贫资源使用公开透明。

2. 精准扶贫是消除绝对贫困的唯一途径

精准扶贫是消除绝对贫困的唯一途径，因为精准扶贫解决了"帮扶谁、谁帮扶、怎么帮和如何退"，在面对脱贫难度最大、多年扶贫久未脱贫的贫困人群就需要强有力地动员扶贫资源，有针对性地解决贫困户所面临的特殊问题，如果仅仅采取一般的扶贫办法"大水漫灌"，就不足以使这些贫困人群摆脱贫困。

第一，只有精准地确定贫困对象才能有针对性地实施扶贫。不管在中国还是在全球，扶贫都需要聚焦贫困人群，没有目标瞄准，也就很难实现扶贫的目标，但是除了建档立卡以外，到目前为止还没有任何一种瞄准机制可以保证将贫困人口识别出来。

第二，扶贫的措施要有针对性，特别是要针对深度贫困的人群，每个家庭的致贫原因都不同，只有通过精准分析致贫原因，采取有针对性措施，才能保障扶贫效果的精准。因此，越是深度的贫困人群越需要精准施策，才能够解决其特殊的贫困问题。

第三，要实现深度贫困人口的脱贫就需要动员最强有力的力量，采取超常规的措施，这正是精准扶贫的特点之一，广泛地动员了人力物力，集中最强的力量，才能帮助那些深度贫困的人口脱贫。

第四，要有严格的考核、监督和评估机制，确保扶贫见到实效，保证高质量的脱贫。

3. 实现巩固拓展脱贫攻坚成果同乡村振兴有效衔接

2020年以后，中国的农村绝对贫困问题将被彻底解决，中国农村发展进入巩固拓展脱贫攻坚成果同乡村振兴有效衔接新阶段。中央进行了新的部署，总的来说，是要保持精准扶贫的机制，同时降低精准扶贫的成本，提高精准扶贫机制的制度化水平。

第一，部分脱贫人口具有不稳定、变动性强等特征，这给可能返贫人口的识别统计带来了困难。

第二，导致脱贫人口返贫的原因也更复杂和多样，这给制定有效的扶贫措施带来了更多的困难。

第三，容易返贫的脱贫人口将表现出更多的群体性，而不是区域性，在一些特殊群体中，如老年人、非正式就业群体、残疾人等群体中，返贫的发生率会明显高于其他人群。

因此，在2020年以后的巩固拓展脱贫攻坚成果、全面推进乡村振兴的进程中，要保持政策的相对稳定、持续，更加聚焦于容易返贫人群，采取更有针对性的帮扶措施。"帮扶谁、谁帮扶和怎么帮，以及如何评估脱贫效果"仍然是巩固拓展脱贫攻坚成果的核心问题，新的工作体系、制度体系、政策体系仍然要回应这些问题。

首先，要综合考虑政府财力、经济发展水平，制定合理的帮扶标准，各地经济发展水平不同，帮扶的人群规模不同，如何保持适当的帮扶人口比例，是巩固拓展脱贫攻坚成果、防止返贫的首要任务；其次，要借鉴建档立卡的经验，对容易返贫户进行摸底调查；最后，基于不同类型低收入、困难户在不同人群中的分布，制定相应的精准帮扶方案。

第五章

社会动员：
大扶贫格局

| 中国特色减贫道路 |

2015年10月16日,习近平总书记在2015减贫与发展高层论坛上发表主旨演讲,系统总结中国特色扶贫道路的经验,明确指出,"我们坚持动员全社会参与,发挥中国制度优势,构建了政府、社会、市场协同推进的大扶贫格局,形成了跨地区、跨部门、跨单位、全社会共同参与的多元主体的社会扶贫体系。"习近平总书记将动员全社会参与,构建大扶贫格局作为中国特色减贫道路上的重要经验。

大扶贫格局可以概括为专项扶贫、行业扶贫与社会扶贫多种举措有机结合和互为支撑的"三位一体"大扶贫开发格局。这种组合式的扶贫政策引入了非政府力量,将扶贫与科教文卫等行业发展相结合,加强党政机关和企事业单位定点扶贫,推进东西扶贫协作,有利于集中扶贫力量,从内源和外源两个方面嵌入贫困治理领域,实现区域发展协同带动个人脱贫。[1] 大扶贫格局的构建有着深厚的理论基础、文化基础和现实基础,其政策演进经历了萌芽、逐渐凸显、全面形成和创新发展四个阶段,并在多年的实践中积累了深厚的经验,为中国的脱贫攻坚做出了巨大的贡献。

一、构建大扶贫格局的基础

基于"三位一体"的大扶贫格局,中国的扶贫开发事业取得了巨大成就,也为中国的经济发展、政治稳定、民族团结、边疆巩固、社会和谐发挥

---

[1] 斯丽娟、尹苗、杨富强:《以大扶贫格局打破双重扶贫悖论——改革开放40年扶贫政策创新》,《兰州大学学报(社会科学版)》2018年第5期。

了重要作用。为什么中国能够形成独具特色且成效显著的大扶贫格局？追根溯源，大扶贫格局的形成并非凭空构造，而是有着深厚的理论基础、文化基础和现实基础。

1. 大扶贫格局形成的理论基础

从社会治理的角度看，扶贫也是社会治理的有机组成部分，大扶贫格局凝聚来自社会各界的力量，而不是政府单一主体的作用，它更为突出社会力量的扶贫效能，强调政府、市场组织、社会组织、民众多主体合作。从大扶贫格局的内涵来看，协同治理理论与其有着天然的耦合性，也是大扶贫格局形成的重要理论支撑。

协同治理是在治理理论的基础上强调合作治理的协同性，指的是处于同一治理网络中的多元主体间通过协调合作，形成彼此啮合、相互依存、共同行动、共担风险的局面，产生有序的治理结构，以促进公共利益的实现。[1]大扶贫格局将减贫行动中的不同主体紧密联结，深度嵌入，使扶贫不再是政府强制输入的政治行动和提升经济收入的经济行动，更是一种嵌入贫困地区社会关系网络中的社会行动。通过政府、企业和民间组织等行动主体的共同合作，可以从扩大贫困者的经济机会、促进赋权和加强安全保障等三个方面来形成持续性的减贫动力。[2]治理主体多元化是解决政府回应缺失的现实途径，而构建大扶贫格局可以在贫困治理中，通过行业扶贫和社会扶贫引入市场和社会的力量，以此来弥补政府作为单一行动主体的不足。社会大众对"社会治理"的广泛讨论和学界关于协同治理论的研究成为构建大扶贫格局重要的理论来源。

2. 大扶贫格局形成的文化基础

大扶贫格局涉及国家、市场和社会三类不同的扶贫主体，强调扶贫不仅

---

[1] 张仲涛、周蓉：《我国协同治理理论研究现状与展望》，《社会治理》2016 年第 3 期。
[2] 苏海、向德平：《社会扶贫的行动特点与路径创新》，《中南民族大学学报（人文社会科学版）》2015 年第 3 期。

仅是政府和贫困群体的责任，而是与每一个社会成员息息相关的事情。20世纪80年代以来，非政府组织在扶贫工作中扮演着越来越重要的角色，发挥着越来越大的作用，扶助贫困人口乃至消除贫困是非政府组织在各国经济社会活动中的重要事项之一。非政府组织不仅致力于消除本国内的贫困，而且向发展中国家的贫困地区提供资金、技术、理论指导等方面的支持，帮助解决当地妇女儿童的保护、教育以及公共基础设施的建设、环境保护、卫生保健等问题。

扶危济贫、改善民生始终是中国传统文化的内在追求，中国传统文化提倡动员全社会的力量为穷人提供力所能及[①]的帮助。《礼记·礼运》开头中说道："大道之行也，天下为公，选贤与能，讲信修睦。故人不独亲其亲，不独子其子，使老有所终，壮有所用，幼有所长，矜、寡、孤、独、废疾者，皆有所养。"这种人人都能安居乐业的大同社会就是古时候社会中的最高政治理想。除此之外，《孟子·梁惠王上》中也提到"老吾老，以及人之老；幼吾幼，以及人之幼"，这些思想在古代潜移默化地影响着中国人在社会中开展帮扶他人、救济贫困的行动。到了宋代，理学家朱熹在前人的基础上建立了"社仓"制度，强调通过民间的实物信贷来解决青黄不接时期贫困农户的生计问题。这些扶贫济道的思想是构建大扶贫格局的重要基础，传统文化也深深融合在中国特色减贫道路中。

3. 大扶贫格局形成的现实基础

党的十八大以来，以习近平同志为核心的党中央把贫困人口脱贫作为全面建成小康社会、实现第一个百年目标的底线任务和标志性指标，在全国范围内打响了脱贫攻坚战，中国扶贫开发进入新时代脱贫攻坚阶段。新的时期，中国的贫困呈现出新的特点，党和政府将脱贫攻坚提升到前所未有的高度，市场和社会力量在扶贫工作中的参与度明显提高，这些是大扶贫格局形

---

① 王昕：《我国非政府组织的类型及其与政府关系研究》，南京农业大学，硕士学位论文，2009年。

成和发展的重要现实基础。

改革开放以来，中国扶贫的力度不断加大，在取得了令人瞩目成就的同时也成为全球的减贫道路上的亮丽风景。党的十八大以后，中国的扶贫开发进入新的阶段，贫困也呈现出新的特点，脱贫攻坚的艰巨性和复杂性进一步凸显，对在新时代全面建成小康社会提出了新的挑战和需求。新时期我国绝对贫困人口主要分布在连片特困地区，呈现"大分散、小集中"的趋势，贫困结构复杂，致贫原因多样，并呈现出从绝对贫困到相对贫困、单维贫困到多维贫困、静态贫困到动态贫困、短期贫困到慢性贫困的新特点。[1]我国的扶贫事业已经进入了"啃硬骨头"的攻坚阶段，减贫难度较以往更大，需要全社会共同参与。面对复杂的贫困结构和多样的致贫原因，单一的扶贫主体已经无法战胜新的挑战、满足新的需求，与时俱进构建多主体参与、多方力量协助的大扶贫格局显得尤为紧迫。

面对新的贫困特点和巨大的减贫压力，党和政府将脱贫攻坚摆在更凸出的位置，将构建大扶贫格局作为打赢脱贫攻坚战的重要内容纳入总体战略布局之中。党的十八大以来，以习近平同志为核心的党中央将脱贫攻坚提高到前所未有的高度，举全国全社会之力，全面打赢脱贫攻坚战。中共中央国务院颁布脱贫攻坚的纲领性文件《中共中央国务院关于打赢脱贫攻坚战的决定》，指出打赢脱贫攻坚战，是促进全体人民共享改革发展成果、实现共同富裕的重大举措，是体现中国特色社会主义制度优越性的重要标志，也是经济发展新常态下扩大国内需求、促进经济增长的重要途径。并要求各级党委和政府必须把扶贫开发工作作为重大政治任务来抓，加快补齐全面建成小康社会中的这块突出短板，决不让一个地区、一个民族掉队。党的十九大报告中，习近平总书记再次强调"要动员全党全国全社会力量""坚持大扶贫格局，注重扶贫同扶志、扶智相结合，深入实施东西部扶贫协作"。大扶贫格局可以将政府、市场和社会三种不同的力量连接起来，通过多主体合作，发

---

[1] 林晖：《中国反贫困发展报告：减贫难度增大 呼唤社会参与》，2014年10月16日，新华网。

挥各自的优势、弥补劣势，形成强大的合力，共同致力于脱贫攻坚。大扶贫格局能有效应对我国扶贫开发工作的新任务，"十三五"时期，我国的扶贫目标已由解决基本的温饱问题向巩固温饱成果、培养内生动力、增强发展可持续性方向转变，从结构和群体上看，现有的贫困地区和群众大都自然条件差、经济基础弱、贫困程度深、内生发展能力不足，借助市场经济的优势加快实施"三位一体"的大扶贫格局，符合脱贫发展新态势。

二、大扶贫格局政策的演进

大扶贫格局政策并非在一朝一夕之间形成，而是经过了长时间的演化逐渐形成的，并随着实践的发展不断深入和完善，内涵也变得更加丰富。整体来看，我国扶贫开发模式由开始的政府专项扶贫逐渐演化为"三位一体"的格局，即专项扶贫、行业扶贫与社会扶贫组合的战略体系。按照各个扶贫主体在不同时期参与扶贫工作的程度划分，大扶贫格局政策经历了萌芽、日渐凸显、全面形成和创新发展四个阶段。

1. 大扶贫格局的萌芽

大扶贫格局的萌芽最早可以追溯到 20 世纪 80 年代中期的"开发式扶贫制度化"和"八七扶贫攻坚阶段"。这一阶段中国的扶贫战略由改革开放初期的救济式扶贫向注重培养内生脱贫能力的开发式扶贫转变，从中央到地方政府构建起专门的农村扶贫机构（扶贫开发领导小组是我国首个以减贫为职责的政府专设机构），并实施了一系列有组织、有计划、大规模的扶贫开发措施。[1] 20 世纪 80 年代中国政府的扶贫政策以救济式扶贫为主，政府是单一的扶贫主体，扶贫单纯依靠政府投入，市场和社会的力量在扶贫工作中微乎其微。进入 90 年代之后，改革开放进一步深入，社会主义市场经济体制

---

[1] 龚毓烨:《关于构建新时代下"三位一体"大扶贫格局的研究》,《成都行政学院学报》2018 年第 4 期。

建立，市场主体得以快速成长，并创造了大量的资源和财富，渗透到扶贫开发过程，与政府一道汇聚成这一时期的扶贫合力。1994年4月15日，国务院发出关于印发《国家八七扶贫攻坚计划（1994—2000年）》，其中明确提出要进行社会动员，要求充分发挥中国扶贫基金会和其他种类民间扶贫团体的作用，以及沿海较为发达的省都要对口帮助西部的一两个贫困省、区发展经济。但这时社会主义市场经济体制处于初建时期，市场和社会组织力量弱小，"三位一体"的大扶贫格局还处于萌芽阶段。

2. 大扶贫格局的凸显

进入新的世纪之后，国务院印发了《中国农村扶贫开发纲要（2001—2010年）》，提出坚持政府主导、全社会共同参与的基础方针，要求各级党委和政府要加强对扶贫开发工作的领导，不断加大工作和投入力度，要发挥社会主义的政治优势，积极动员和组织社会各界，通过多种形式，支持贫困地区的开发建设。2011年11月29日，中央扶贫开发工作会议在北京召开，九位常委全部出席，总结概括了扶贫开发的宝贵经验，深刻阐述了做好新阶段扶贫开发的重要意义，在会议中，胡锦涛指出，"着力巩固和发展专项扶贫、行业扶贫、社会扶贫大扶贫格局"。这是我国首次以领导人的身份确认了"专项扶贫、行业扶贫、社会扶贫'三位一体'的大扶贫格局"的地位。2011年12月1日，国家颁布《中国农村扶贫开发纲要（2011—2020年）》。其中专项扶贫、行业扶贫和社会扶贫占了大量的篇幅，这也是国家首次以文件的形式明确了专项扶贫、行业扶贫和社会扶贫相结合的"三位一体"大扶贫格局。在这个纲领性扶贫文件的指导下，我国多部门、多行业、多主体共同参与扶贫的大扶贫格局日趋渐显。

3. 大扶贫格局的全面形成

经过前面两个阶段的发展，各级党政机关、军队和武警部队、国有企事业单位等率先开展定点扶贫，东部发达地区与西部贫困地区结对扶贫协作，对推动社会扶贫发挥了重要引领作用。党的十八大提出："今后10年扶贫攻坚同步建成小康社会，广泛动员社会各界参与扶贫开发，大力推进精细化扶贫。"随着大扶贫格局的形成和发展，社会扶贫相关的政策也不断完善，各个主体参与扶贫工作的渠道更加通畅，也出现了更多指导性和创新性政策。私营企业、社会组织和个人通过多种方式积极参与扶贫开发，大扶贫格局在党的十八大以后全面形成。2014年，国务院办公厅下发了《关于进一步动员社会各方面力量参与扶贫开发的意见》，指出："广泛动员全社会力量共同参与扶贫开发，是我国扶贫开发事业的成功经验，是中国特色扶贫开发道路的重要特征。"2015年6月18日，习近平总书记在贵州召开部分省区市党委主要负责同志座谈会，听取对"十三五"时期扶贫开发工作和经济社会发展的意见和建议时进一步指出："要坚持专项扶贫、行业扶贫、社会扶贫等多方力量、多种举措有机结合和互为支撑的'三位一体'大扶贫格局，健全东西部协作、党政机关定点扶贫机制，广泛调动社会各界参与扶贫开发的积极性。"大扶贫格局的重要性愈发明显，动员和组织社会各方面力量参与扶贫开发是中国特色扶贫开发道路的重要组成部分，也是社会主义制度优越性的充分体现。

三、大扶贫格局的实践创新

独具中国特色的大扶贫格局在我国扶贫事业中扮演了重要角色，对我国贫困面貌的改变做出了重要贡献。在新时代，大扶贫格局不仅取得了明显的进展，而且积累了大量的经验，包括定点帮扶、东西部协作、军队武警扶贫、企业扶贫、社会组织扶贫、个人扶贫等，随着实践的发展还产生了许多关于消费扶贫、电商扶贫、慈善扶贫的创新性经验。

1. 大扶贫格局的实践经验

定点帮扶指根据党中央和国务院要求，由中央和国家机关各部门各单位、人民团体、参照公务员法管理的事业单位和国有大型骨干企业、国有控股金融机构、国家重点科研院校、军队和武警部队所承担的扶贫任务；鼓励、引导、支持各民主党派中央、全国工商联、各类非公有制企业、社会组织承担定点扶贫任务；要求地方各级党政机关和有关单位也要切实做好定点扶贫工作。定点扶贫工作从20世纪80年代中期开始，陆续在中央和地方展开。当时，一些与农村关系比较密切的政府部门，如国家科学技术委员会、农牧渔业部、商业部、水利部和林业部等，投身农村扶贫开发工作，发挥了各部门的专业作用，从而实现稳定长效的扶贫效果。1987年，国务院召开第一次中央、国家机关定点扶贫工作会议后，越来越多的国家机关参与到定点扶贫中来。比如2019年4月、5月，国家发展改革委定点帮扶的广西壮族自治区田东县、河北省灵寿县先后宣布脱贫摘帽，吉林省汪清县正在接受脱贫摘帽核查核验。在国家发展改革委的指导和帮扶下，灵寿县围绕农产品供应、销售、服务全链条持续用力，构建质量可靠、产销对接、保障有力的农村电商发展模式，探索长效减贫机制。[1]

东西部扶贫协作是国家动员社会力量进行脱贫攻坚的又一项重要战略举措，具体是指东部发达省市根据党中央和国务院的要求对西部省区发展给予对口支持。东西部扶贫协作双方在相关规定内制定规划，东部地区从资金支持、产业发展、干部交流、人员培训及劳动力转移就业等方面积极配合，发挥西部贫困地区自然资源和劳动力资源优势，东西部扶贫协作不仅仅是要推动西部地区的减贫工作，而且要实现东西部优势互补和经济协作。以贵州为例，根据中共中央办公厅、国务院办公厅印发了《关于进一步加强东西部扶贫协作工作的指导意见》，明确由上海、广州、杭州、宁波、苏州、青岛、大连7个发达城市对口帮扶贵州省遵义、六盘水、安顺、毕节、铜仁、黔东南、黔南、黔西南8个市州。对口帮扶以来，7个发达地区城市积极主动作为，全面全力跟进，密切协调合作，在产业扶贫、项目带动、资金支持、干部选派、社会力量参与等方面不断加大帮扶力度，开展了大量卓有成效的帮扶工作。[2]

---

[1] 《"用心·用情·用力"国家发展改革委定点帮扶贫困县经验做法之二：精准扶贫搭上电商快车》，2020年1月3日，国家发展和改革委员会网。

[2] 《东西部扶贫协作助力贵州按时打赢脱贫攻坚战》，2020年1月6日，新华网。

军队和武警扶贫是扶贫开发的一支重要力量，也是社会扶贫的一个重要方面。早在1987年，中国人民解放军总政治部就针对军队开展扶贫济困工作专门安排部署。多年来，军队和武警部队始终紧紧围绕国家扶贫开发总体规划部署，按照就地就近、量力而行，发挥优势、有所作为，突出重点、务求实效的原则，充分发挥组织严密、突击力强和人才、科技、装备等优势，把地方所需、群众所盼与部队所能结合起来，把扶贫开发与军民共建有机结合起来，因地制宜参与地方扶贫开发，实现军地优势互补，为改变贫困地区面貌、帮助贫困人口脱贫致富做出了重要贡献。军队和武警部队扶贫的重点内容是，开展科技扶贫、医疗卫生扶贫、边境扶贫，帮助贫困村实施整村推进，支持贫困乡村水电路等基础设施建设，开展捐资助学、抗震救灾送温暖活动等。[1]

在全面脱贫和全面建成小康社会的伟大历史进程中，企业发挥着不可或缺的作用，促进了贫困地区经济增长，在贫困民众增加收入、供给资金、转变观念和获取市场优势等方面发挥了巨大作用。1992年底，党的十四大正式提出建立社会主义市场经济体制，企业的影响力越来越大，企业的社会责任开始受到重视。2002年起，在国家信贷扶贫、财政扶持、税收优惠、土地使用优惠等一系列政策的激励下，各类企业从自身发展需要出发，在参与扶贫和慈善捐助方面愈发成熟和制度化。2009年，国务院扶贫办组织召开了多个企业参与扶贫开发相关的政策研讨会，支持企业参与扶贫开发的各项政策、举措逐步在全国推行，企业参与扶贫开发工作渐次在全国铺开。2015年10月，全国工商联、国务院扶贫办等联合启动"万企帮万村"精准扶贫行动，广大民营企业响应号召，踊跃投身到脱贫攻坚中来。

社会组织扶贫指的是在党政体系和市场体系之外，具有非政府、非营利、公益性特征的各类社会组织（主要是基金会和民办非企业单位）参与的扶贫活动。社会组织是政府与扶贫对象之间的桥梁，能够快速集聚社会资源，实现资源链接，提升扶贫效能。正是通过大量民间社会组织的工作，过

---

[1]《[扶贫词条]军队和武警扶贫》，2017年6月19日，中国扶贫在线。

去隐藏在贫困背后的许多深层次问题,如教育问题、卫生问题、环境问题等,近年来才被逐渐揭示出来。比如中国扶贫基金会是社会组织参与扶贫的典型之一,2019年7月13日,"聚焦主战场全力助攻坚"中国扶贫基金会"扶贫新农人"项目启动仪式暨"扶贫新农人"能力建设第一期培训班在中国农业大学东校区举行。[①]"扶贫新农人"项目是中国扶贫基金会乡村发展类项目中重要组成部分和又一创新举措,项目旨在培养一批爱农村、懂农业、善经营的本土人才队伍,通过系统性培训提升、项目配套扶持和整合社会资源导入,支持其投身乡村这片广阔的热土,投身于新时代脱贫攻坚和乡村振兴的探索和实践,为乡村的可持续发展培育新动能。

个人扶贫指各类扶贫志愿者、扶贫捐赠者和以其他方式积极投身于扶贫活动的公民个人的扶贫方式。为鼓励个人扶贫行为,1993年修正的《中华人民共和国个人所得税法》规定"个人将其所得对教育事业和其他公益事业捐赠的部分,按照国务院的有关规定从应纳税所得额中扣除",此后于2006年、2011年两次修订的该法对此规定都予以重申。2007年财政部、国家税务总局联合签发的《财政部、国家税务局关于公益救济性捐赠税前扣除政策及相关管理问题的通知》规定,经民政部门批准成立的非营利的公益性社会团体和基金会,凡符合有关规定条件,并经财政税务部门确认后,纳税人通过其用于公益救济性的捐赠,可按现行税收法律法规及相关政策规定,准予在计算缴纳个人所得税时执行所得税税前扣除。该政策的出台扩大了公益捐赠可享税前扣除优惠范围,有助于提高企业、个人进行慈善捐赠的积极性。个人扶贫由于缺少组织领导和资源筹措渠道,相对于其他类型的社会扶贫来说发展得要缓慢一些。

2. 大扶贫格局的创新探索

随着大扶贫格局的形成,一些创新的扶贫方式逐渐产生,消费扶贫是社

---

① 《中国扶贫基金会举办"扶贫新农人"项目培训班》,2019年7月17日,央广网公益。

会各界通过消费来自贫困地区和贫困群众的产品与服务,帮助他们增收脱贫的重要方式,是社会力量广泛参与扶贫、助力打赢脱贫攻坚战的重要途径和举措。各级党政机关、国有企事业单位、群团组织、金融机构、大专院校、医疗单位等是消费扶贫的关键力量,在消费扶贫中起着重要的引领带动作用。各级政府已经将消费扶贫纳入定点扶贫和结对帮扶工作,要求在同等条件下持续扩大对贫困地区产品和服务消费。广大民营企业、社会组织和个人是消费扶贫的重要支撑,对扩大消费扶贫规模、确保消费扶贫可持续具有重要作用,依托"万企帮万村"精准扶贫行动,民营企业进一步帮助贫困地区做大做强特色优势产业,持续扩大对贫困地区产品和服务的采购规模。社会组织应发挥在各自领域的影响力,组织动员各类力量参与消费扶贫,积极为贫困地区出谋划策,每位公民都应大力传承发扬扶贫济困的传统美德,为购买来自贫困地区的农产品贡献一份力量,为帮助贫困群众稳定脱贫奉献一片真情。①在全社会的积极参与下,消费扶贫在助力打赢脱贫攻坚战中不断发挥更加重要的作用,帮助广大贫困群众早日稳定脱贫、增收致富,与全国人民一道迈入小康社会共享国家改革发展成果。

电商扶贫打破了传统意义上的扶贫攻坚攻略,将互联网时代日益主流化的电子商务纳入扶贫开发工作体系,作用于帮扶对象,创新扶贫开发方式,改进扶贫开发绩效的理念与实践。电商扶贫有直接到户、参与产业链和分享溢出效应三种主要形式。②大数据信息时代,不仅在一定程度上改变了传统经济发展模式,也在一定意义上创新了原本的扶贫工作模式。由于农村网络技术普及率相对较低,网络应用于经济发展的程度也相对较低,不能充分发挥网络信息技术的整体价值。面对国内较为成熟的发展环境,通过电商扶贫对贫困地区的农产品销售渠道及其他农村经济类型进行管理,能够打破原有

---

① 农业农村部新闻办公室:《动员全社会力量共同参与消费扶贫的倡议》,《现代农业》2019年第11期。

② 汪向东:《电商扶贫:是什么,为什么,怎么看,怎么办?(上)》,2014年10月6日,新浪博客。

扶贫工作模式,真正做到为农村经济发展谋出路。①电商扶贫模式有效动员了政府、电商、贫困户和社会参与者,依托贫困地区逐渐完善的相关基础设施,建立电子商务系统支撑体系,提升贫困地区农户的现代电子商务运营能力,推动自身特色产品与服务的电商化,带动产业升级,增加农民收入,减少贫困户消费支出,推动农村经济结构的现代化转型,从而实现长效脱贫,是当前脱贫攻坚模式的创新发展。

全面建成小康社会,最艰巨的任务是脱贫攻坚,慈善事业是脱贫攻坚不可或缺的重要力量,切实以慈善助推精准扶贫,对打赢脱贫攻坚战、全面建成小康社会意义重大。目前,慈善已成为惠及大众的公益实践,具有广泛社会性和组织性,是社会文明的重要标志。党中央明确要求创新我国慈善事业制度,动员全社会力量广泛参与脱贫事业。《中华人民共和国慈善法》将扶贫济困写进总则,位列六大类慈善活动之首,既是对中华民族传统美德的弘扬,又为慈善事业助推精准扶贫赋予了新的历史使命。中国充分发挥慈善事业在脱贫攻坚战中的重要作用,以慈善凝聚全社会之力,为扶贫开发"补短板""救急难""兜底线"。在精准扶贫中,慈善组织可以扮演宣传倡导者、意识启蒙者、专业指导者、服务提供者和合作伙伴等多重角色。这就特别要求倚重发挥个性化、专业化、精细化的优势,组织高度分散的贫困个体,完成扶贫资源的整合输送,使公益扶贫精准落地、开花结果;更要发挥其公益性、志愿性的魅力,扮演好公益催化剂的角色,用爱心串联不同社会阶层的不同个体,不断激发、凝聚各个角落的爱心善行,将涓涓细流汇成扶贫的汪洋大海。②

四、大扶贫格局的效果意义

大扶贫格局是中国特色扶贫道路的重要经验,经过长期实践发展到底取

---

① 王鹤霏:《农村电商扶贫发展存在的主要问题及对策研究》,《经济纵横》2018年第5期。
② 《坚持依法慈善,助推扶贫更"精准"》,2016年9月5日,新华网。

得了什么样的效果？又具有什么样的意义和价值？在2020年打赢脱贫攻坚战之后，大扶贫格局又会有怎样的变化？这些是值得我们探究的问题，也只有探究清楚了这些问题，才能更好地通过大扶贫格局来助力脱贫攻坚和乡村振兴，帮助贫困地区的群众和全国人民一起步入全面小康。

1. 大扶贫格局的效果

社会扶贫最大的优势就是能够凝聚全社会合力，共同致力于打赢脱贫攻坚战。社会扶贫通过定点扶贫、东西部扶贫协作、部队和武警扶贫、企业扶贫、社会组织扶贫、个人扶贫等方式将社会各界的力量集中起来，一方面借助于社会扶贫组织与贫困村、贫困农户更为紧密的联系和更为精细的工作机制，提高扶贫的精准性；另一方面将各部门、各行业、各区域的各种力量有效地整合起来，形成将行业政策、区域政策和社会政策融为一体的"大扶贫"格局。在政府主导的原则下，引入社会的力量能更好地瞄准贫困人口的需求，并因地制宜在当地发展产业，逐渐积累人力资本、物质资本和社会资本，帮助贫困地区的经济实现了持续性增长，贫困人口不断减少，逐渐实现由"输血式"扶贫向"造血式"扶贫的转变。

除了直接帮助减少贫困的发生之外，大扶贫格局的形成与发展还促进了扶贫机制和政策的不断完善。在全面深化改革的背景下，必须要以改革创新为动力，着力消除体制机制障碍，构建与大扶贫格局、农村社会结构深度融合的社会扶贫机制，加快贫困群众脱贫致富进入小康社会步伐。一方面，随着扶贫机制和政策的不断完善，贫困人口在反贫困中的主体作用得到重视，贫困人口在扶贫活动中拥有越来越多的话语权，对扶贫项目的理解和认识不断加深。另一方面，大扶贫格局使参与扶贫的渠道更加通畅，随着大数据建设和社会扶贫平台建设，社会扶贫各个主体之间的协调合作也更加深入。

全社会对扶贫的重视程度逐渐提高，参与扶贫的企业、社会组织和百姓越来越多，力度越来越大，在全社会范围内形成了良好的扶贫氛围。各扶贫主体参与积极性不断提高，参与义演、义拍、义卖、义展、义赛等活动的爱心人士越来越多，关注扶贫典范的人也越来越多。社会各界都积极开展扶贫济困宣传活动，通过多渠道、多形式进行社会扶贫宣传动员，社会公众对贫困、扶贫的认识和参与热情不断提升。除此之外，通过新旧媒体、线上线下结合，利用包括有一定影响力的社会组织或者个人平台等可以利用的宣传媒介，在全社会传播社会扶贫的意义、知识、功效，促进社会公众对社会扶贫观念的接纳，甚至吸引社会公众积极参与扶贫活动。

2. 大扶贫格局的意义

构建大扶贫格局，动员全社会的力量参与脱贫攻坚，不管是从理论还是从现实的角度来看都具有重要的意义。从理论的角度来说，在治理理论为大扶贫格局的实践提供理论指引的同时，大扶贫格局在中国的实践也丰富了治理理论的内涵。大扶贫格局在扶贫实践中推进政府力量、市场力量和社会力量团结协作，形成一种相互合作、相互依赖的格局。在中国实际情况与治理理论存在张力的同时，治理理论在大扶贫格局实践中不断被丰富并呈现出自己的特色。最突出的特点是在大扶贫格局的多元主体协同中，政府处于明显的主导地位，市场力量和社会力量受到政府的约束的同时也需要政府的政策支持。

大扶贫格局的现实意义就在于政府、市场和社会三个扶贫主体在实践中实现了优势互补，提高扶贫的实效性和灵活性，使贫困人口的需求更好地得到满足。在政府主导、市场和社会积极参与的大扶贫格局中，政府充分发挥了主导作用，制定了切实可行的指导政策，并积极动员市场和社会力量参与脱贫攻坚。市场在大扶贫格局中积极提供物资和服务供给，推动贫困地区产业扶贫和农村社区组织化的发展。社会作为区别于政府和市场的第三种力量，能够动员全社会参与的大扶贫格局在一定程度上实现了与单独政府扶贫的互补，在扶贫工作中协调政府、市场和社会三股力量合作，共同推动减贫工作的发展。

大扶贫格局充分体现了社会主义制度的优越性。习近平总书记强调："我们最大的优势是我国社会主义制度能够集中力量办大事。这是我们成就事业的重要法宝。"在中国共产党的集中统一领导下，全党全国各族人民围绕共同的奋斗目标，集中各个方面的力量，全国一盘棋、上下一条心，高效执行、有力推进，从而办成一件件大事。大扶贫格局在政府的主导下，凝聚了市场和社会的力量，积极投入脱贫攻坚战，深刻体现我国社会主义制度集中力量办大事的制度优势。在2014年全国社会扶贫工作电视电话会议上，习近平总书记指出，"消除贫困，改善民生，逐步实现全体人民共同富裕，是社会主义的本质要求"。构建大扶贫格局，决胜脱贫攻坚，全面建成小康社会是社会主义的本质要求。所以，大扶贫格局不仅体现了社会主义制度集中力量办大事的优势，而且体现了社会主义的本质要求。

大扶贫格局是脱贫攻坚和乡村振兴战略衔接的基础，政府、市场和社会多元主体合作大扶贫格局将在乡村振兴中发挥更加重要的作用。2020年3月6日，习近平总书记在决战决胜脱贫攻坚座谈会上的讲话中将"接续推进全面脱贫与乡村振兴有效衔接"作为确保高质量完成脱贫攻坚目标的六大任务之一。构建大扶贫格局以来，中国的脱贫攻坚取得了决定性成就，在2020年如期完成脱贫攻坚目标、全面建成小康社会之后，大扶贫格局将继续助推乡村振兴战略的实施。乡村振兴的最终目标是要不断提高村民在产业发展中的参与度和受益面，彻底解决农村产业和农民就业问题，确保当地群众长期稳定增收、安居乐业，为农业农村经济发展迎来了重大战略机遇，市场和社会的力量将更多地被引入进去。大扶贫格局构建的社会动员基础将持续在乡村振兴战略中发展，助力乡村振兴最终目标的实现。

第六章

内生动力：
扶贫同扶志扶智结合

增强贫困人口的内生发展动力和能力，始终是中国减贫发展的一个工作着力点，反贫困不只是为了增加贫困人口的收入，更重要的是提升贫困人口自身的发展能力和发展动力。中国政府在脱贫攻坚中，采取宣传教育、培训、产业引领、能人带动等不同的赋能增能措施，有效地增强了贫困人口的内生发展动力和能力，为高质量打赢脱贫攻坚战奠定了坚实的基础，成为中国特色减贫道路的重要内容。

一、内生发展动力和能力

贫困人口在脱贫攻坚中既是政策客体也是政策主体，摆脱贫困始终离不开贫困群众自身，调动贫困群众的脱贫积极性和主动性有助于激发和凝聚他们的内生脱贫动力，进而在脱贫攻坚中转化为积极的行动、产生良好的效果。贫困人口的内生动力和能力是其摆脱贫困的先决条件，充分了解并掌握贫困地区和贫困人口内生动力和能力不足的类型、原因和内在逻辑，针对不同地区、人群的实际情况精准施策，对实现稳定可持续脱贫与提高脱贫攻坚的效率和质量具有重要意义，这也是贫困治理机制完善与创新的重要组成部分。

1. 摆脱贫困的核心问题

新中国成立之初至改革开放开始，我国的扶贫方式一直强调自力更生为主的基本原则，着力解决绝大多数贫困人群的物质困难和基本生存问题，当时农村贫困的主要因素是生产力水平低和制度激励不足。改革开放以来，我国的生产力得到极大的解放和发展并成为世界上经济发展速度最快的国家之一，在扶贫领域创新创造了农村开发式扶贫的模式，包括贫困地区在内的农村地区的生产能力有了显著提升。进入新世纪，我国扶贫工作进一步深化，开始聚焦贫困村，提出整村推进和"一体两翼"的扶贫策略，村级功能有所提升。同时，农村的社会保障能力也有显著发展。但也应看到，过去的扶贫政策到人到户的不多、落实不够，有些贫困地区扶贫效果的持续性不强、粗放的"输血式"扶贫助长了贫困人口的心理依赖的问题。随着开发式扶贫的持续推进，中国政府逐渐认识到贫困治理是改变贫困的外部环境，要从根本上实现脱贫和可持续的发展，必须调动贫困人口主动发展的积极性，提高贫困人口自我发展能力。

在反贫困的历史进程中，很多国家发现单纯的物质资源扶贫使得贫困地区脱贫存在边际效应递减的问题。阿马蒂亚·森认为贫困（饥饿）不仅仅是物质资源的稀缺，而是由更深刻意义上的可行能力不足导致[1]，在他看来，能力是一种自由的概念，代表一种真正的机会。联合国开发计划署（UNDP）先后发布人类发展指数（HDI）和多维贫困指数（MPI）来对联合国各成员国摆脱贫困状态程度进行综合评价，这些评价增加了人力资本维度的指标，在一定程度上反映了贫困人口的能力情况。

在中国的脱贫攻坚阶段，发展动力和能力不足已经是一个突出因素。2015年，全国及东中西部地区的致贫原因主要包括三个方面（见表6-1）：自然生产条件、经济社会发展条件和人力资本因素。从数据上看，自然生产条件因素总体占比较低，已不是主要的致贫原因；经济社会发展条件中，各地缺技术和缺资金的比重较高，其中西部地区缺技术和缺资金比重最高，为28.9%和44.9%。人力资本致贫因素中，占比较高的是因病和缺劳动力，因病致贫在全国贫困人口致贫原因中的比重最高，为42.1%，劳动力不足占比为16.8%。人力资本的存量不足在很大程度上限制了贫困人口自身的发展能

---

[1] Amartya K. Sen, *Poverty and Famines: An Essay on Entitlement and Deprivation*. Oxford: Clarendon Press, 1981. 阿马蒂亚·森《贫困与饥荒：论权利与剥夺》

力，个体发展的动力不足也是重要的致贫原因，西部地区的占比最高，为7.4%。贫困人口因自身发展动力和能力不足而致贫在深度贫困地区尤为突出，2016年，四省藏区（四川、云南、甘肃和青海藏区）排名前五位的致贫原因均是因缺资金、缺技术、缺劳动力和因病导致的自我发展能力和发展动力不足（见表6-2）。

表6-1 中国贫困人口的致贫原因占比情况

（单位：%）

	自然生产条件			经济社会发展条件			人力资本因素				
	因灾	缺土地	缺水	交通落后	缺技术	缺资金	因学	发展动力不足	缺劳动力	因病	因残
东部	3.6	1.5	0.3	0.8	15.3	23.2	4.8	2.0	21.9	58.1	9.4
中部	5.2	4	1.2	2.6	17.6	28.9	6.7	4.9	13.9	51.6	6.8
西部	6.8	6.9	2.3	7.6	28.9	44.9	12.4	7.4	18.9	28.9	4.0
全国	5.8	5.1	1.6	4.7	22.4	35.5	9.0	5.8	16.8	42.1	5.8

注：因存在多选，表中各项的百分比相加后大于100%。
数据来源：国务院扶贫办信息中心。

表6-2 2016年四省藏区农村贫困人口主要的致贫原因统计

（单位：%）

地区	缺资金	缺技术	缺劳动力	发展动力不足	因病
四省藏区合计	64.66	42.08	36.39	23.87	23.55
四川藏区	65.68	52.95	41.44	19.44	32.51
云南藏区	69.45	56.93	22.77	41.03	19.86
甘肃藏区	69.16	48.3	30.08	28.24	24.27
青海藏区	61.44	37.83	28.48	21.61	17.6

注：1.贫困人口按致贫原因分类的人数；2.因存在多选，表中各省藏区的百分比相加后大于100%。
数据来源：国务院扶贫办信息中心。

从中国的减贫历程来看，中国政府长期以来坚持开发式扶贫方针，把发展作为解决贫困的根本途径，通过区域性基础设施建设、加大产业发展力度，带动当地经济发展以逐渐积累贫困地区自我发展的能力。然而面临的主要挑战在于贫困的主体。虽然大规模的扶贫开发为贫困地区的发展营造了益贫性的经济增长环境，但是由于部分贫困人口的思想观念消极落后、自我造血能力欠缺，仅仅依靠外部资金、项目、技术的帮扶也难以从根本上消除贫困。2018年10月至11月，十九届中央第二轮巡视反馈了地方存在激发贫困群众内生动力不足，"扶志"与"扶智"还有欠缺，重"输血"轻"造血"等问题[1]，贫困地区和贫困人口的自我发展能力和内在动力则是实现贫困地区稳定、可持续脱贫的关键因素和基本保障，也是贫困制度创新的重要组成部分。

2. 内生动力和能力不足的主要表现

贫困人口动力和能力不足的类型大致归为三种：一是动力不足的弱发展能力型，这部分贫困人口主要以无劳动力或部分劳动力的弱能群体为主，如贫困老年人、重病人群、重度残疾人，以及有智力障碍的贫困人群，其身体机能很难支持他们进行劳动生产。二是有发展动力的能力不足型，这一人群虽然具有辛勤劳动的强烈愿望，然而受到文化水平和就业技能的制约。2018年贫困地区常住劳动力中，小学文化程度及以下的比重为43.1%，初中占44.8%，高中及以上占12.1%[2]，大部分贫困劳动力的文化程度处于初中及以下水平，缺乏适应现代市场经济的劳动技能和一技之长，容易在竞争力较为激烈的劳动力市场中淘汰，这一群体的自我发展能力和抗击风险的能力较弱。三是有发展能力的动力不足型，这部分人群具备一定的自我发展能力，但是受个人经历或地方风俗的影响，其自身动力不足，很难将人力资本转化

---

[1]《十九届中央第二轮巡视全部反馈完毕：有地区扶贫领域形式主义突出》，2019年1月31日，人民网。

[2] 国家统计局住户调查办公室：《2019年中国农村贫困监测报告》，中国统计出版社2019年版。

为生产资源。这部分贫困人群的思想观念较为消极保守，缺乏改变现状的积极性。

脱贫的动力和能力不仅针对贫困人口个体本身，在一些深度贫困地区贫困人口个体的能力不足并非个体问题，更是普遍存在的集体现象，许多贫困地区地理区位条件差、生态环境脆弱、地势险峻、社会发育迟缓滞后，基础设施和公共服务不健全，限制了地方经济社会文化等方面的发展，既造成区域性的发展能力不足，也使得作为个体的贫困人口的健康生存能力、获得教育能力、获取信息能力、社会交往能力的不足。贫困人口缺少人力资本积累，自我造血的能力不足，主动脱贫的客观难度较大。

3. 发展动力和能力不足的原因分析

贫困地区的地理、历史和文化特点制约了当地居民减贫发展的动力和能力，这也是世界各国面临的最紧迫且棘手的问题之一，要实现可持续脱贫，必须正视贫困人口自身的动力和能力。制约贫困人口减贫发展的动力和能力的具体原因可总结为以下四个方面：

一是贫困地区不利的自然环境和物质条件限制了贫困人口的自我发展能力。长期以来，基础设施滞后是阻碍贫困地区发展的一个重要因素，尤其是深度贫困地区由于自然地理条件恶劣、生态环境脆弱等原因，基础设施建设成本较高、难度较大、基本公共服务供给短缺等因素，使得这些地区缺乏有利于脱贫能力形成和发展的环境和条件，并严重制约了当地经济和社会的发展进程。从深度贫困地区农村基础设施状况的统计情况中看到，2018年连片特困地区中，滇西边境山区所在自然村能便利乘坐公共汽车的农户比重为51.1%，四省藏区饮水无困难的农户比重为85.6%，通宽带的农户比重只有66.4%，吕梁山区所在自然村上幼儿园和小学便利的农户比重最低分别为65.5%和67.6%，乌蒙山区的自然村垃圾集中处理的农户比重只有60.9%[①]。

---

① 国家统计局住户调查办公室：《2019年中国农村贫困监测报告》，中国统计出版社2019年版。

生产生活条件落后、农村基础设施和公共服务不健全、交通闭塞等外部约束条件，严重限制了深度贫困地区自我发展的施展空间。深度贫困地区的地形大多以山地、丘陵为主，气候条件较为恶劣，农业生产大都是在坡地上进行，耕地面积较少，难以进行机械化生产、发展现代规模农业，长期以来现代化农业生产水平低下。由于自身缺乏抵御和抗击风险的能力，大多数贫困户都安于小农经济的现状，限于满足自我的生存需求，市场经济在深度贫困地区的发展受阻。在环境封闭、资源匮乏的条件下，贫困人群的内生发展动力也会受到限制，表现出"心有余而力不足"。2015年建档立卡统计资料显示，因自身动力发展不足而致贫的占比最高的是西藏，为41.03%，其次是甘肃，占比为28.24%[1]。

二是部分传统习俗和文化因素影响贫困人口内在动力、能力的培育和发挥。部分贫困程度深、脱贫任务重的民族贫困地区世代相传的风俗习惯带有落后、消极的色彩，并且渗透到当地人群生活当中的方方面面，与目前中国社会的主流经济发展理念存在一定偏差。一些贫困程度较高的家庭缺少足够的发展愿景和视野，对儿童接受教育的重视程度不够，使教育对提升贫困个体能力的作用难以发挥，直接影响深度贫困地区主体脱贫能力的提升，制约了现代义务教育的普及和发展，导致这些地区的内生脱贫动力不足。一些地方贫困人口宗教文化方面的开支过大，影响到家庭正常的生产生活支出和生产资本的积累。这种消费的亚文化现象并非贫困者个体所能改变，一般受制于群体的约束和限制，贫困者个体往往被群体的消费方式和行为方式所裹挟，谋求发展的自主性不足。[2] 这些问题无疑增加了脱贫攻坚顺利进行的难度，落后而消极的思想意识使得贫困人群放弃自身的主观努力，也阻碍了当地社会经济的发展。

三是贫困地区"近邻效应"影响了贫困人口内生发展动力和能力的社会

---

[1] 左停：《如何更好激发深度贫困地区发展动能》，《人民论坛·学术前沿》2019年第12期。

[2] 左停、李卓、赵梦媛：《少数民族地区贫困人口减贫与发展的内生动力研究——基于文化视角的分析》，《贵州财经大学学报》2019年第6期。

氛围。近邻效应是指居民个体性特征之外，存在着某些邻里的行为、态度或心理特征等因素，对居民贫困状况产生了影响，即居住地区社会自然环境的特征使得局部居民的态度、思想和行为趋于一致，并且与其他地区的主流文化出现认知差异。主流文化所定义的"贫困"可能并不能被其他文化所认同，对于某种现象，有的文化认为是贫困的、落后的，而另一种文化则可能认为恰好相反[①]。例如，从空间格局的分布来看，三区三州中的贫困地区、县、村呈集中连片状，贫困集聚特征较为明显，空间溢出效应较为显著。邻里作为最基本的社会单元，对周围居民有着潜移默化的影响，特别是处于封闭、偏远的深度贫困地区的居民。地势险峻、自然灾害频发、交通不便等自然、地理层面的因素是这片地区致贫的根本原因，同时由于人口流动规模较小，人们获取外界知识信息的难度较大，对社会形势变化和国家政策了解甚少，当地居民在多年落后的农业生产经营中逐渐形成安于现状的观念。这些集中连片的深度贫困地区的气候、自然、地理条件和文化观念、传统习俗相近，如安于现状、不思进取的思想观念在村域、县域的空间范围内扩散开来并相互影响，从而使得居民对改变当地经济发展的愿望并不强烈，脱贫发展的动力不足甚至消失，更不会发挥自己的主观能动性去增强自身的脱贫能力，导致深度贫困地区长期处于低水平的发展阶段，陷入贫困陷阱[②]。

四是过去扶贫开发过程中，能力建设视角的扶贫项目种类单一，没有建构出供贫困人口发展内生动力和孵化锻炼能力的有效平台。实施精准扶贫策略之前，扶贫项目的安排多以地方政府主导，强调集中连片，适用于贫困农户的到户项目选择不多。据《中国农村扶贫调查与实践》的实地调查报告，在585个有效样本中，"对扶贫活动内容的了解和选择"中89.86%的农户了解扶贫项目，68.55%的农户不能自主选择扶贫项目；"对扶贫项目内容和

---

① 张丽君、吴本健等：《中国少数民族地区扶贫进展报告（2017）》，中国经济出版社2018年版。

② 左停：《如何更好激发深度贫困地区发展动能》，《人民论坛·学术前沿》2019年第12期。

项目确定的讨论"中有机会参与的农民占比只有 26.87%[①]。贫困户在扶贫项目实施过程中参与有限,一方面,政府对贫困人口的自身需求和发展能力了解不足,难免会出现扶贫项目针对性、精准性不强的问题;另一方面,群众对本地扶贫项目的知情权、参与权和监督权得不到保障也在一定程度上影响了他们参与生产的积极性和主动性。这些状况与各级政府制定的农村扶贫政策存在一定的偏差,不利于深度贫困地区的长远发展,必须积极思考创新激励性的扶贫项目,使得扶贫项目既能"授鱼"也能"授渔"。

二、激发内生动力的政策举措

发展动力与发展能力是相对的,需要激发内在动力,也要培育自身发展能力。党的十八大以来,中国政府中采取了许多增强贫困地区可持续发展的脱贫动力和能力的重要举措,主要包括五个方面:政策导向上强化自力更生、"授人以渔"的开发式扶贫发展理念;以乡土资源为载体,支持、扶持和推动产业脱贫;培育当地致富带头人,形成社区内部的互动互助机制;建立健全基础设施建设,为脱贫动力和能力的生长营造良好的外部环境和平台支撑;重视贫困地区的教育,从根本上培育和提升脱贫能力,打破贫困代际传递。这些措施对于缩小地区差距、稳定减贫成果、阻断返贫路径、高质量打赢脱贫攻坚战至为关键。

1. 授人以渔、扶志扶智

新中国成立以后,中国建立和不断完善具有中国特色的社会主义制度,着力于消除贫困、减少不平等,为反贫困治理奠定了制度基础,体现了社会主义制度的优越性。但农村贫困的存在也是一个复杂的社会问题,有外因,也有内因。一方面是由于农村合作医疗、社会保障、基础设施、教育与培训

---

① 徐勇:《反贫困在行动:中国农村扶贫调查与实践》,中国社会科学出版社 2015 年版,第 21 页。

等供给不足,这是外因;另一方面社会各界逐渐认识到脱贫的动力和能力不足是导致贫困的一个主要内因,提升动力和能力是实现脱贫效果可持续的基本保障和重要路径。早在20世纪的"八七扶贫攻坚计划"阶段,中国就已形成了农村开发式扶贫的模式;21世纪初的第一个十年扶贫开发计划中,中国政府又明确提出了包括产业和人力资本提升在内的"一体两翼"的扶贫策略,聚焦于提升贫困村集体和贫困户个体的发展动力和能力。

党的十八大以来,习近平总书记在多个场合提出激发贫困群众脱贫内生动力的重要性,2020年3月习近平总书记在决战决胜脱贫攻坚座谈会上,明确指出部分贫困群众发展的内生动力不足是当前脱贫攻坚工作需要加强的重点。近年来,中国政府也围绕激发和培育脱贫动力和能力,坚持扶贫同扶志扶智相结合做出了一系列政策安排。2016年11月印发的《"十三五"脱贫攻坚规划》将"坚持激发群众内生动力活力"作为脱贫攻坚必须遵循的一项原则,并提出充分调动贫困地区广大干部群众积极性、主动性、创造性,旅游扶贫、电商扶贫、转移就业扶贫、教育扶贫等措施也都围绕贫困人口的能力建设展开[1]。2018年6月出台的《关于打赢脱贫攻坚战三年行动的指导意见》以激发贫困人口内生动力为指导思想,并把"开展扶贫扶志行动"列入十项到村到户到人精准帮扶举措之一,就业扶贫和教育脱贫等行动也对培育贫困人口的自我发展能力、树立主动脱贫的意识起到积极的促进作用。为了进一步加强扶贫扶志工作,激发贫困群众立足自身实现脱贫的信心和决心,2018年10月国务院扶贫办会同12部委印发了《关于开展扶贫扶志行动的意见》,主要从加强教育培训、改进帮扶方式、推进移风易俗、强化基层党组织政治功能等方面提出十七条具体措施[2]。中国各地政府在脱贫攻坚过程中注重创新机制,激发脱贫内生动力,将帮扶理念转变为"输血"和"造血"并重,帮助贫困地区的群众树立主动克服贫困的精神和信念。

中国政府强调脱贫能力的培育并不是一蹴而就的,而是一个循序渐进、

---

[1]《国务院"十三五"脱贫攻坚规划》(国发〔2016〕64号),2016年12月2日。
[2]《国务院扶贫开发领导小组印发〈关于开展扶贫扶志行动的意见〉》,2018年11月19日。

认识不断深化、实践不断创新的发展过程，是基于对贫困地区的现状及背后的内在成因的了解、理解并尊重，也形成了以激发和培育内生动力和能力为导向的一系列的脱贫政策，是中国特色脱贫攻坚伟大实践的重要内容。

2. 提升农村特色产业发展平台的包容性

中国的贫困人口多数分布在偏远的山区、民族地区和革命老区，虽然经济发展水平较为低下，但当地贫困人口在长期的生产实践的过程中对使用和利用乡土的自然、文化、历史等资源积累了丰富的经验。贫困地区大多自然资源丰富，具有特色产业发展的潜力，特色产业是贫困地区长期稳定脱贫和内源发展的保证，特色产品、特色产业与贫困地区的乡土知识体系有较高的吻合度，它们的结合可以产生直接稳定的经济效益和长远的社会效益。《中共中央国务院关于打赢脱贫攻坚战三年行动的指导意见》关于加大产业扶贫力度的举措中提到"积极推动贫困地区农村资源变资产、资金变股金、农民变股东改革"[①]，让贫困地区的土地、劳动力、资源、人文等要素活起来，为贫困人口的生计安全提供了保障，极大地发挥了乡土资源对于减贫的作用。与此同时，积极地将减贫发展的理念内化为乡土资源的开发、利用、补偿的现实逻辑。中国政府有关部门建立农村社区与地方政府以及商业资本共同联合的开发利用机制，积极开展对于乡土知识与乡土产品的认证，除了常规的如乡土特色产品的"地理标志产品"的认证、乡土知识的"非物质文化遗产"的认证、有利于自然资源保护的可持续经营认证等，还专门组织了扶贫产品的认证，通过有效认证提高了乡土资源和知识给贫困人口所带来的优惠和效益，促进了减贫发展的持续性、内源性和包容性。

习近平总书记特别关注产业发展的"特色"，强调指出，"一个地方的发展，关键在于找准路子、突出特色。欠发达地区抓发展，更要立足资源禀赋和产业基础，做好特色文章。"前一阶段的产业扶贫中存在的重要问题是外

---

① 《国务院扶贫开发领导小组印发〈中共中央国务院关于打赢脱贫攻坚战三年行动的指导意见〉》，2018年6月15日。

来引进产业多、同质性强、竞争力弱。发展特色产业要立足于本地的乡土资源，立足包括贫困人口在内的当地农民，找准乡土产品①。推动贫困地区具有乡土特色的产业发展的过程一方面提高了贫困人口对利用乡土资源的熟练程度，另一方面也激发了他们的自信心和自豪感，进而提升贫困地区和贫困人口的发展动力和能力。

3. 形成社区内部的互动互助机制

在阶段性脱贫攻坚任务后完成，如何形成一支内生的、乡土的、永久性的扶贫力量，成为需要重点考虑的现实问题。习近平总书记指出要在脱贫攻坚战中抓好"培养农村致富带头人，促进乡村本土人才回流，打造一支'不走的扶贫工作队'"。强调要因地制宜探索精准脱贫的有效路子，多给贫困群众培育可持续发展的产业，多给贫困群众培育可持续发展的机制，多给贫困群众培育可持续发展的能力。致富带头人依托本地资源致富的内部的帮扶机制对增强贫困地区造血能力、激发贫困人口的积极性起到正向的引导和带动作用。

乡村致富带头人往往都是从事本地先进生产经营活动的典型代表，他们所从事的行业大多都代表着本地经济发展的方向②，可以更好地凝聚周围贫困群众的力量并转化为生产能力。贫困地区蕴藏着富饶的自然资源，发展乡土特色产业的潜力有待开发，具有广阔发展前景。但是，其经济社会发展水平仍属落后，乡村优秀的人力资源依旧稀缺，尤其缺少能够规划、经营产业的致富带头人。2015 年《中共中央国务院关于打赢脱贫攻坚战的决定》中最早提出"大力实施边远贫困地区、边疆民族地区和革命老区人才支持计划，贫困地区本土人才培养计划"。2018 年，由国务院扶贫办等八部委联合下发了《关于培育贫困村创业致富带头人的指导意见》，提出培育致富带头人，是实现贫困群众稳定脱贫的重要举措，对推进脱贫攻坚具有重要作用，明确

---

① 左停:《打好"三大攻坚战"/"精准脱贫机制创新"系列笔谈之四乡土资源、知识体系与精准脱贫的内源扶贫机制》,《改革》2017 年第 10 期。

② 高春华:《用好"三种人才"开创乡村振兴新局面》,《人民论坛》2019 年第 28 期。

了对致富带头人选拔、培训、管理等方面的具体举措。

培养致富带头人以提高他们的综合素质和带贫能力,建立以他们的创业项目为核心的减贫带贫机制,积极探索本地贫困户与合作社、龙头企业等新型农村经营主体的利益联结机制,将资产收益用于开展公益岗位扶贫、奖励补助扶贫、劳务收入等,保障贫困人口收益的稳定性和可持续性。地方针对贫困村创业致富带头人培育和管理工作主要聚焦在优选致富带头人,增加致富带头人在贫困村的覆盖率,通过开展具有乡土特色的技能培训来培育致富带头人,以及跟踪管理和服务对帮扶贫困户的带贫情况,以确保带动贫困人员有效脱贫和稳定发展。

贫困地区的致富带头人对周围贫困人口发挥了积极的辐射、示范和带动作用,不仅减贫、带贫的成效显著,同时也有利于改善贫困群众消极被动的思想状态、激发贫困群众的奋斗意志和劳动热情。为建立和完善创业致富带头人带贫益贫激励机制,要注重鼓励和扶持有能力的创业致富带头人参与进来,对符合条件的创业项目实施金融政策支持,如为贫困村创业致富带头人发展的产业项目提供融资担保、保险优惠政策和其他激励补贴政策,也对带动贫困户成功就业和带贫成效明显的经营主体实施奖励,激发本地和返乡创业人员争做创业致富带头人带贫的主动性和积极性,增强他们的社会责任感和使命感。与此同时,在贫困村营造致富光荣的社会氛围,不仅关心贫困人口,同样也要关心致富能人[①]。各地纷纷总结致富带头人的先进事迹和个人经验,积极利用新闻媒体、电视、广播报刊等媒介大力宣传贫困地区致富带头人的开拓创新、奋斗向前的带贫案例,以他们创业的成功经验激励群众,让身边的致富带头人成为努力和学习的榜样,并从物质和精神层面表彰致富带头人,用身边的真人真事感染贫困人群,变被动参与方式为积极主动参与,不断增强贫困人口主动脱贫的自信心、积极性和主动性,促进精神脱贫,同时也在农村/社区范围内形成了"人人参与、致富光荣"的社会舆论氛围。

---

① 李冰:《农村贫困治理:可行能力、内生动力与伦理支持》,《齐鲁学刊》2019 年第 3 期。

4. 营造良好的外部环境和支撑平台

乡村基础设施不健全和基本公共服务缺失是深度贫困遭遇"贫困陷阱"和贫困人口返贫的重要诱因,也限制了贫困地区的自主发展空间,影响了贫困人口的集体行动能力、自我发展的机会和能力。由于深度贫困地区自身条件薄弱,缺乏资金、技术,农业生产停留在初步的采集阶段,农业产品多为粗加工,加之交通不便,生产出来的农产品很难流通出去,产业结构较为单一。公共服务减贫路径不仅提升了贫困个体的发展能力,同时也为贫困个体获得进一步发展提供坚实的后备保障和良好的外部环境。这都为贫困个体获得进一步发展的机会、摆脱贫困的状态和底层地位提供了可能。公共服务供给的数量和质量对贫困地区和贫困人口的发展至关重要。近年来,国家在贫困地区大力推进基本公共服务均等化并取得了一定成效,例如公共教育、劳动就业创业、社会保险、医疗卫生、社会服务、住房保障和文化体育等基本公共服务,同时也不断加强农村基础设施建设,使得农民生产生活条件有了极大改善。

表 6-3　2013—2018 年贫困地区农村基础设施和公共服务情况

(单位:%)

指标	2013 年	2014 年	2015 年	2016 年	2017 年	2018 年
所在自然村通公路的农户比重	97.8	99.1	99.7	99.8	99.9	100
所在自然村通电话的农户比重	98.3	99.2	99.7	99.9	99.8	99.9
所在自然村能接收有线电视信号的农户比重	79.6	88.7	92.2	94.4	96.9	98.3
所在自然村进村主干道硬化的农户比重	88.9	90.8	94.1	96.0	97.6	98.3
所在自然村能乘坐公共汽车的农户比重	56.1	58.5	60.9	63.9	67.5	71.6
所在自然村通宽带的农户比重	—	—	71.8	79.8	87.4	94.4
所在自然村垃圾能集中处理的农户比重	29.9	35.2	43.3	50.9	61.4	78.9

续表

指标	2013 年	2014 年	2015 年	2016 年	2017 年	2018 年
所在自然村有卫生站的农户比重	84.4	86.8	90.4	91.4	92.2	93.2
所在自然村上幼儿园便利的农户比重	71.4	74.5	76.1	79.7	84.7	87.1
所在自然村上小学便利的农户比重	79.8	81.2	81.7	84.9	88.0	89.8

数据来源：《2019 年中国农村贫困监测报告》。

党的十八大以来，国家通过出台专项扶贫、行业扶贫政策，加大扶贫资金支持，增加公共服务供给的力度，大力推进交通基础设施建设、水利基础设施建设、电力网络建设、信息基础设施建设以及教育文化卫生设施等方面的民生工程，明显改善了农村贫困地区的基础设施条件，为贫困地区的发展提供了基本的民生保障。表 6-3 显示了 2013—2018 年贫困地区农村基础设施和公共服务情况。农业生产性基础设施和农村生活性基础设施对该地区的发展尤为重要。2018 年贫困地区农村的公路、电话、电视、宽带、主干道硬化的农户比重较 2013 年有了较大幅度的增长。截至 2018 年末，贫困地区通公路的自然村已实现全覆盖，通电话的自然村农户也接近全覆盖，分别比 2013 年提高了 2.2 个和 1.6 个百分点，通有线电视信号的所在自然村的农户比重为 98.3%，比 2013 年提高了 18.7 个百分点；通宽带的所在自然村农户比重为 94.4%，比 2015 年提高了 22.6 个百分点；贫困地区村内主干道路面经过硬化处理所在自然村的农户比重为 98.3%，比 2013 年提高了 9.4 个百分点。2013—2018 年公共交通、垃圾处理、上幼儿园和小学便利的农户持续增加，其中所在自然村垃圾能集中处理的农户比重增幅最高，比 2013 年提高了 49 个百分点。实施精准扶贫的六年多来，国家对贫困地区基础设施的投入和建设，基本实现生存型基本公共服务全覆盖、发展型公共服务的覆盖率持续增加，不仅提高了贫困地区人群抵御风险的能力，而且使得贫困地区自身发展的脆弱性和风险大大下降，还为贫困人口提供了更多的发展机会。

5. 重视教育发展，打破贫困代际传递

破除贫困的代际传递唯有从源头入手，而教育扶贫就是通过提高贫困群体的人力资本数量和质量，降低贫困人群所遭受的相对剥夺程度，激发农村贫困人口的积极性、培养他们的劳动技能，为他们提供可持续发展的平台和基础，着力激发贫困群众发展生产、脱贫致富的内在动力，从而帮助贫困地区实现"真脱贫，脱真贫"，并起到久久为功的作用。

近年来政府从以下几个方面重视培养农民的发展能力和动力来保持人力资本的可持续增长，把义务教育有保障作为反贫困的重要指标。一是进一步优化助学结构，保证资助政策的可持续性，优化教育资助结构，既能防止教育返贫，又能保障贫困家庭学生享受教育福利。如在贯彻落实国家政策"两免一补"和营养改善计划补助充足的情况下，在寄宿生生活费补助基础上给予贫困生适量的普惠性生活费补助。高等教育阶段的国家资助政策体系中生源地信用贷款政策已经比较完善，地方政府进行了教科书补贴、励志奖学金等补充性助学政策探索。二是加大对深度贫困地区的教育经费投入，扩大教育规模，重点发展职业教育，面向深度贫困地区的人群宣传义务教育的重要性，增加人们对教育的重视程度，让适龄儿童全面接受教育，部分地区适当延长义务教育年限。三是在贫困地区职业技能的教育的培养方面，积极发挥县域职业教育学校对贫困村和贫困劳动力的辐射带动作用，强化对深度贫困地区的劳动力进行生产、技术、务工等实用技能的培训，从而使其能运用到生产经营实践中，对贫困地区劳动力转移培训，提高劳动者素质是我国扶贫开发"一体两翼"战略的重要方面，主要通过"雨露计划""阳光工程""春风行动"等各类培训项目促进贫困地区的劳动力转移就业，大大激发了贫困人口主动的脱贫意识，贫困地区人们的综合素质和劳动技能得到大大提升。为进一步激发贫困地区劳动力的内生动力，有的地方出台了相应的职业补贴政策，如重庆市将符合就业扶贫相关政策条件的，均纳入就业政策支持范围：就近就业按照每人每天100元标准补贴，贫困劳动力创业可享受每户8000元创业补助，输出到市内其他区县就业的，按每人500元给予求职

创业补贴，贫困劳动力就业创业培训给予每人每天100元的交通食宿补助[1]。四是大力推广普通话，突破交流障碍，增强交流沟通能力。语言是进行信息传递的重要工具，深度贫困地区的民族聚集区的普通话普及率较低并存在语言沟通的障碍，如四川凉山州出台了《凉山州"学前学会普通话"行动全覆盖工作实施方案》，推行"学前学会普通话"试点，已惠及11个深度贫困县的11.28万名学前幼儿。五是传承深度贫困地区的民族文化。民族文化不仅是深度贫困地区宝贵的文化遗产，也是当地特色的文化资源，将学习民族语言、文化、知识、艺术等与民族文化产业结合起来，不仅使得民族文化得以传承，而且也能够促进当地经济发展，更重要的是增强了民族自我发展的自信心。

三、激发内生动力的经验启示

在习近平总书记关于激发内生动力重要论述的指引下，各地尊重扶贫对象在脱贫攻坚中的主体地位，在实践中探索了激发贫困人口动力和能力的诸多举措，对进一步巩固脱贫攻坚成果、激发贫困人口内生动力具有重要的启示意义。

1. 激发内生动力和发展能力是一个长期的过程

贫困对象可持续发展能力和内在动力的形成过程并不是一蹴而就的。做好深度贫困地区贫困户的思想工作，引导他们积极转变脱贫观念。思想引导是一种长期的工作，需选择一支专业素质强、作风优良、一心为民的脱贫攻坚干部队伍，针对深度贫困户建立一对一的帮扶机制，秉持着耐心和恒心，走进贫困户家里敲开心扉与其沟通，了解他们的实际情况与难处，与贫困户架起沟通桥梁，逐渐培养他们主动脱贫的观念。此外，动力和能力也是在脱贫过程中逐渐增强的，是一个"做中学"的过程。在培育脱贫能力的过

---

[1] 《重庆出台五条就业扶贫新政策》，2018年11月20日，国家乡村振兴局网。

程中，结合阶段性和长期性的脱贫攻坚目标来制订能更好地培育脱贫能力的实施方案，注重脱贫主体学习的过程，孵化和培育脱贫主体的自我生存和发展能力。目前，短期内的脱贫攻坚任务是解决贫困人群的基本生活需求，完成这一任务需要将最优帮扶力量和政策向深度贫困地区倾斜，为培养脱贫能力营造积极的外部条件，同时充分发挥榜样的激励、示范作用。选择情况相近但已完成脱贫的示范村（社区）加以引导，这样能够有效地激发其他贫困村的积极性，更好地学习榜样的经验和做法，这一过程有助于激发"我要脱贫"的主动意识和自力更生的发展能力，并将所学尝试运用于本村的脱贫攻坚中。同时可以面向深度贫困地区的贫困人群进行自我发展能力的培训，提供农业知识、种植、养殖技术、农产品加工、销售等方面的技能培训来提高贫困人群的劳动素质，这样不仅可以提升深度贫困主体的脱贫能力，还为他们提供了更多的路径选择[1]。

2. 将发展动力和能力作为减贫发展的落脚点

2020年中国如期实现了消除绝对贫困的目标，当前要巩固脱贫攻坚成果，有效防止返贫、应对未来一定时期内的相对贫困问题，就必须以提升贫困地区和贫困人口的发展能力为未来反贫困治理政策的落脚点。提升贫困地区和贫困人群的自我发展能力和内在动力，可以提升贫困对象抗击外部风险的水平，是实现稳定脱贫、降低返贫概率的充分且必要条件。

贫困人口作为重要的扶贫参与对象，其自身的人力资本积累和开发起到重要作用，主要包括：思想观念、个体能力和扶贫参与方式。思想观念的改变是扶志的过程，即帮助贫困主体摒弃安于贫困现状而不思进取以及坐享其成的消极意识，形成追求美好生活的意愿，树立脱贫致富的斗志和信心。同时，培育贫困个体的发展能力则是实现可持续脱贫的重要保障。再者，改善贫困人口参与扶贫过程的方式，使其从直接索取脱贫致富结果转变为积极表

---

[1] 左停：《如何更好激发深度贫困地区发展动能》，《人民论坛·学术前沿》2019年第12期。

达自身对发展要素和发展路径的需求,将积极、主动脱贫致富内化为贫困个体的意志取向和行为选择。

贫困村/社区的治理能力是影响减贫成效的决定性因素之一。在基层治理方面,国家在脱贫攻坚期间对原有治理逻辑做出的适应性调整,实施和强化了第一书记制度和驻村工作队制度,使治理力量下移和渗透到基层,以此提高基层的治理能力和治理成效。目前贫困村已经建立稳定的脱贫队伍,具体包括帮扶责任人、第一书记、驻村工作队、村"两委"等。第一书记和驻村干部在引入扶贫资源和参与村庄治理的过程中,要特别注重培植和提升村"两委"治理能力,倡导社区居民互助和监督,以发挥社区自主性,逐步提高村庄自治能力,降低村庄发展对下渗治理力量的治理依赖,更要避免因喧宾夺主而弱化传统治理能力[①]。

3.营造特定的益贫机会、平台和氛围

劳动力密集型产业在地区甚至国家间发生转移,无疑会对产业移出地区的劳动力就业造成冲击,然而蓬勃发展的高端产业对贫困人口的辐射作用甚微,难以有效带动贫困人口就业。贫困人口和贫困村的发展机会和空间都受到抑制,其内生动力的激活和配置需要益贫式经济发展环境。益贫式增长(pro-poor growth)注重穷人经济增长的同时还改善分配的不平等,寻求有助于穷人的增长方式,重视经济发展与公平之间的关系。首先,培植贫困对象积极追求脱贫致富的自主性和信心,并优化贫困群体的生计资本结构,提升其组合、使用生计资本等方面的能力;其次,完善并发挥市场的作用,发展多样化的产业结构,鼓励劳动密集型相关产业向贫困地区和贫困人口倾斜,提升贫困个体的市场参与机会和拓宽贫困个体的市场参与空间,推进有助于穷人的益贫式增长,提高经济增长的益贫效应;最后,建立有利于穷人的包容性扶贫政策体系,拓展减贫政策的主体覆盖面,兼顾社会政策的统一性和

[①] 左停、金菁、于乐荣:《内生动力、益贫市场与政策保障:打好脱贫攻坚战实现"真脱贫"的路径框架》,《苏州大学学报(哲学社会科学版)》2018年第5期。

特殊性，并不断完善贫困地区和贫困社区的基本公共服务供给，为其他扶贫政策的功能发挥奠定基础[1]。这三方面在有序开展和相互作用中逐步形成稳定长效的脱贫机制，为贫困对象脱贫致富创造了良好的机会和外部环境，有利于激发、培育贫困对象的内生动力和发展能力。

4. 优先发展职业教育，提升市场参与能力

中国贫困地区的职业教育发展基础较为薄弱。大力发展贫困地区职业教育主要包括两个方面：一是对贫困地区职业教育阶段在校生进行长期的职业教育，二是对劳动力进行短期的技能培训。实现经济的益贫式增长的关键是要有益贫性产业，既有利于贫困地区的经济发展，又能为贫困地区的劳动力提供稳定的就业机会，为他们创造人生出彩的机会。因此，适度发展劳动密集型产业、服务业对促进就业、拉动需求有积极的促进作用，加之贫困人口大多数年龄偏大、技能水平低，对技术要求不高、门槛较低的劳动密集型企业的就业是最佳选择[2]。

未来的人力资源开发的扶贫政策依然把农村劳动力就业放在突出位置，把就业促进作为提升发展能力和发展动力的主要路径和检验指标。在推进乡村振兴和城乡基本公共服务均等化的背景下，注重完善城乡一体化的就业和社会保障体系，逐步推进城乡一体化的就业、教育、医疗、住房、生活保障等政策，消除农民工在城市就业中所遇到的不合理限制和歧视的问题，维护农村劳动力应有的权益，同时也要重点解决留守儿童、留守妇女和留守老人的社会保障问题，提高留守人员的生活质量，为外出务工人员解决后顾之忧，促进城乡社会的和谐健康发展。

---

[1] 左停、金菁、于乐荣：《内生动力、益贫市场与政策保障：打好脱贫攻坚战实现"真脱贫"的路径框架》，《苏州大学学报（哲学社会科学版）》2018年第5期。

[2] 中共中央组织部干部教育局、国务院扶贫办政策法规司、国务院扶贫办全国扶贫宣传教育中心组织：《新发展理念案例选：脱贫攻坚》，党建读物出版社2017年版，第105页。

第七章

资金保障：
增加投入和强化监管

在中国减贫道路上不可或缺的是资金保障。扶贫资金主要用于改善贫困地区的生产及生活条件，保障贫困人口的基本生活需要，提高其生存能力。同时，支持贫困地区的经济、社会发展。多年来，党和国家不断加大对脱贫攻坚的资金投入力度，努力拓宽资金来源，并通过优化政策设计、转变投入方式等提高扶贫资金的投入使用效率。在最广泛地动员各方扶贫资金投入和最大力度地监管资金使用的前提下，确保了扶贫资金的高效运转，确保了各项扶贫政策及时落地并发挥巨大效能。特别是党的十八大以来，扶贫资金增长的幅度明显加快，为脱贫攻坚提供了坚实的保障。在脱贫攻坚的最后阶段，习近平总书记对扶贫资金的投入使用及监管提出更为明确的要求："中央财政要继续增加专项扶贫资金规模，各级财政也要保证脱贫攻坚的资金需求。要加大财政涉农资金整合力度，加强扶贫资金监管，提高资金使用效率和效益，用好扶贫的土地和金融政策。对已经实现稳定脱贫的地方，各地可以统筹安排专项扶贫资金，支持非贫困县、非贫困村的贫困人口脱贫。"[①]

一、由"大水漫灌"到"精准滴灌"

扶贫资金作为党和国家扶贫事业的重要保障，其投入、使用及监管体系不断发展完善。尤其是在党的十八大以后，随着精准脱贫战略的提出与实施，中国扶贫资金的动员及监管迈上了更加精准、科学、高效的新台阶，实现了从"大水漫灌"式粗放投入到"精准滴灌"式精细投入的转变。

---

① 习近平：《在决战决胜脱贫攻坚座谈会上的讲话》，2020年3月6日中共中央党校（国家行政学院）网。

1. 由"单一化"到"多样化"的资金来源

随着社会经济发展情况及贫困特征的阶段性变化,党和国家不断调整、完善扶贫开发策略及扶贫资金投入方式,中国扶贫资金来源也经历了由"单一化"到"多样化"的变迁。从最初仅依靠"单一化"的财政资金,到通过财政手段引导、带动"多样化"的金融和社会资金投入,逐渐形成由财政扶贫资金、扶贫信贷资金、农民和农村小企业入"社"及村民入"组"缴纳的资金、社会捐赠资金以及海外援助和馈赠资金等组成的扶贫资金来源结构。

在多样化的扶贫资金中,财政资金仍然是最重要的来源。财政作为资金源泉和动力源泉服务于中国减贫事业的始终,保障了中国减贫道路上政府主导扶贫的实现,为党领导下的脱贫攻坚战取得最终胜利提供了坚实的物质保障。财政扶贫资金的发展也具有鲜明的历史变迁印记。从新中国成立初期,政府为极端贫困、缺乏基本生存能力的群体直接提供资金的社会救济,到政府为贫困地区、贫困群体间接提供生产建设性资金的扶贫开发。从中央财政作为主力军,设立支援经济不发达地区的发展资金、"三西"专项建设资金等扶贫专项资金,为我国扶贫工作提供根本性支撑,到相对发达地区开展对口支援扶贫,地方财政资金以横向转移支付的方式投入到全国性减贫事业中来。

非财政扶贫资金的发展始于扶贫贷款。从部分省份在财政的保障下,为农村贫困户提供农贷扶贫资金——无息或低息贷款,到中国人民银行设立优惠利率的专项贷款并最终发展成为"老少边穷地区发展经济贷款",再到扶贫小额信贷、精准扶贫贷款等,扶贫信贷资金总量逐年增加。除此之外,国家还从商业库中拨放粮食、棉花、棉布等物资用于支持贫困地区交通、水利工程等基本建设,通过以工代赈方式帮助贫困地区群众摆脱贫困。

党的十八大以来,以习近平同志为核心的党中央将脱贫攻坚工作作为党和国家的重要战略任务,提出了"精准扶贫"的重要方略。在这一方略及打赢脱贫攻坚战的目标要求下,我国扶贫资金规模不断增长,来源日趋多样化。目前,我国扶贫资金来源结构呈现如下特征:首先,中央财政对扶贫攻坚的支持力度不断增大。近年来保持每年 200 亿元的资金增量,为打赢脱贫攻坚战提供基本保障。其次,金融扶贫资金规模日益扩大,成为仅次于财政的资金来源。以财政贴息为依托,各大银行、金融机构提供的农村小额信贷供给日益增加,并向贫困地区倾斜。在政府财政资金的支持及担保下,越来越多的贫困户成功获取贷款发展生产,逐渐摆脱贫困。最后,其他社会资本对脱贫攻坚的投入也不断增大,并逐渐体系化。社会援助资金、海外扶贫援助资金等对我国减贫脱贫事业发展也提供了较大的经济支持。

2. 由"输血式"到"造血式"的资金使用

扶贫工作开展前期,扶贫资金主要发挥单一的"输血式"基本生活救助功能,直接被发放给生活困难的贫困群体,为贫困地区贫困人口的基本生活提供了有效保障。但是,这种扶贫资金投入缺乏长期性的减贫脱贫成效。因此,党和国家越来越重视发挥扶贫资金的"造血式"开发功能,加大扶贫资金对贫困地区基础设施及科教文卫事业的投资,改善贫困地区生产及生活条件,提高贫困地区经济增长内生动力,提高贫困人口的生产能力,从而有力保障减贫脱贫成效的持续稳定。

党的十八大以来,以习近平同志为核心的党中央对扶贫资金的投入及管理更趋科学化,有效提升了扶贫资金的"输血"和"造血"双重功能。一方面,扶贫资金通过"惠农一卡通"等方式直接向扶贫对象发放,确保了扶贫资金"输血"功能得以真正实现。另一方面,在"精准扶贫"思想的指导下,党和政府坚持精确识别、精确帮扶、精确管理的方针,做到因户施策,贫困地区自我发展、自我改善的能力得到了有效提升,强化了扶贫资金"造血"功能。与此同时,通过优化转移支付的体制机制、引导社会资本投向贫困地区,加大了贫困地区基础设施建设及公共服务供给,扶贫资金的"造血"功能得到进一步扩大。

3. 扶贫资金规模由小及大的变迁

随着国家经济实力和财政能力的不断提高,以及党和国家对扶贫事业重视程度的日渐增强，扶贫资金规模不断扩大。以不同阶段的中央财政扶贫资金为例，1980—1984年，中央财政扶贫资金累计投入29.8亿元，年均增长率为11.76%；1985—1993年，中央财政扶贫资金累计投入201.27亿元，年均增长率提高到16.91%；1994—2000年，中央财政扶贫资金总计约531.81亿元，保持年均近10%的增长速度；2001—2010年的九年间，中央财政专项扶贫资金累计达到1440.34亿元，年均增长9.3%。

表7-1　2002—2010年扶贫重点县扶贫资金投入情况

单位：亿元

年份	资金总额	中央扶贫贴息贷款累计发放额	中央财政扶贫资金	以工代赈资金	中央专项退耕还林还草工程补助	省级财政安排的扶贫资金	利用外资（实际投资额）	其他资金
2002	250.2	102.5	35.8	39.9	22.6	9.9	17.6	22.0
2003	277.6	87.5	39.6	41.8	37.4	10.4	31.5	29.4
2004	292.0	79.2	45.9	47.5	45.2	11.6	34.5	28.0
2005	264.0	58.4	47.9	43.3	44.0	9.6	29.0	31.8
2006	278.3	55.6	54.0	38.5	46.1	10.8	30.9	42.5
2007	316.7	70.5	60.3	35.4	63.2	14.2	19.1	54.0
2008	367.7	84.0	78.5	39.3	51.5	18.9	14.1	81.4
2009	456.7	108.7	99.5	39.4	64.2	23.4	21.3	100.2
2010	515.1	116.1	119.9	40.4	52.1	25.4	20.1	141.0

数据来源：国家统计局。

党的十八大以来，习近平总书记多次强调加大财政对扶贫开发支持力度的重要性，指出"增加投入是保障"[1]"扶贫开发投入力度，要同打赢脱贫攻

---

[1] 习近平：《在十八届中央政治局第三十九次集体学习时的讲话》，2017年2月21日。

坚战的要求相匹配"[①]。从图 7-1 中可以看出，从 2010 年到 2019 年，中央财政专项扶贫资金投入规模逐年持续增长。2012 年 11 月党的十八大胜利召开，以习近平同志为核心的党中央将扶贫开发工作提升到治国理政的新高度，加大中央财政对扶贫开发工作的支持力度，资金投入规模总量和增长幅度均有较大幅度提升。习近平总书记在 2015 年召开的中央扶贫开发工作会议上再次强调了打赢脱贫攻坚战的重要性和艰巨性，提出当前扶贫资金投入尚不能满足脱贫攻坚的需求，从 2016 年到 2019 年，中央财政专项扶贫资金保持每年 200 亿元的增量投入，每年新增资金主要投入到深度贫困地区，以满足不断深入推进的脱贫攻坚工作需要。

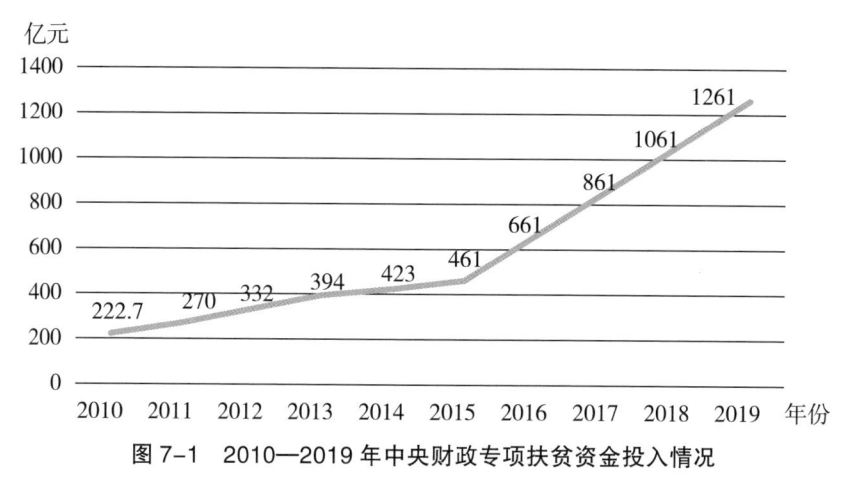

图 7-1 2010—2019 年中央财政专项扶贫资金投入情况

数据来源：国家统计局

二、精准投入与使用

由于国家财政资金有限，提高资金投入使用效率便是发挥扶贫资金功能、实现脱贫攻坚目标的重要途径。由救济式扶贫转变为开发式扶贫，从改善贫困地区基础设施及公共服务条件等方面入手，我国扶贫资金的投入使用

---

① 习近平：《在中央扶贫开发工作会议上的讲话》，2015 年 11 月 27 日。

逐步向更加科学、可持续的方向不断迈进。党的十八大以来，我国扶贫资金投入方式、投入方向及领域、地区分配等更加精准，将"精准扶贫"思想贯彻到了扶贫资金投入的各个环节，并取得了显著成效。

1. 投入方式的积极变化

党的十八大以来，在习近平总书记关于扶贫资金系列论述的指导下，我国扶贫资金投入方式合理化与科学化程度不断提高，为走向精准投入奠定基础。

首先，支持开发式扶贫。改革开放以前，我国以救济式扶贫为主，扶贫资金以直接投入为主，将资金直接发放到困难群体手中，资金单向投入，激励作用较小。改革开放以后，我国扶贫模式转向开发式扶贫，扶贫资金大多采用间接投入的方式，为开发式扶贫政策措施的落地提供资金保障，形成资金良性循环，对贫困地区和贫困人口的自我发展能力提高具有较大的激励作用。

其次，中央扶贫资金及时下拨。目前中央财政专项扶贫资金基本能够在上一年年末分配下达到各省，大大提高了资金使用的时效性，使得省级政府能够根据资金数量，按照不同市县区的贫困状况，制订本年度的脱贫攻坚计划，保证了扶贫工作的顺利开展，有效防止资金不足及资金沉淀带来的不利影响。

再次，取消地方扶贫资金配套。习近平总书记指出，中央财政补助项目对贫困地区配套资金的要求，往往因为贫困地区配套能力不足而导致部分项目难以落地。为此，出台《国务院关于改革和完善中央对地方转移支付制度的意见》以及《国务院关于深化预算管理制度改革的决定》等系列文件，逐步取消了中央转移支付对地方资金配套的要求，如此一来，大大提高了地方扶贫项目的落地率，同时有效激发了地方政府对扶贫项目执行的积极性。

最后，统筹整合涉农资金。针对包含扶贫资金在内的涉农资金投入管理上存在的部门化、碎片化现象，党和国家予以了高度重视，国务院相继出台

《关于支持贫困县开展统筹整合使用财政涉农资金试点的意见》《关于探索建立涉农资金统筹整合长效机制的意见》等文件，在积极探索涉农资金统筹整合的过程中，推动相关体制机制的改革，促进扶贫资金依规整合，使得扶贫资金投入有机会发挥"1+1＞2"的规模效应，有效扩大了涉农资金使用效益。

2. 投入方向和领域逐步"精准化"

扶贫资金投入的方向和领域是影响资金发挥减贫效益的重要因素之一，党的十八大以来，扶贫资金投入方向和领域得到优化。

从资金投入方向看，瞄准方向正在缩小。进入新世纪以后，扶贫资金投入从以贫困地区为基本瞄准单位逐步缩小到贫困县、贫困村、贫困家庭、贫困人口，资金投入逐步迈向精准化。每一次缩小瞄准单位，都要首先明确贫困瞄准单位的认定标准，在此基础上，中央财政扶贫资金、信贷扶贫资金以及以工代赈等扶助资金均向贫困瞄准单位倾斜。

从资金投入领域看，扶贫资金投入结构正在调整。随着贫困地区基础设施及基本公共服务日益受到重视，我国扶贫资金投入主要集中于农业发展、基础设施建设及公共服务完善等领域。党的十八大以来，以习近平同志为核心的党中央深入洞察解决贫困问题要从根本出发，破除贫困地区经济、社会发展的限制因素，加大对贫困地区道路交通、网络、电力等基础设施的建设力度，改善贫困群体的基本生活条件，为生产力发展创造良好的外部条件。同时，加大对贫困地区的医疗卫生投入力度，解决因病致贫、返贫现象；加大对贫困地区的基础教育及劳动力技能培训投入力度，增加贫困人口的就业机会；加大对贫困地区的住房保障投入力度，为居住环境恶劣的困难群众实施易地扶贫搬迁，从根本上改变其生存及发展环境。扶贫资金投入的结构性调整旨在提高贫困者自我发展能力，增强减贫脱贫效果的长期性和可持续性。

表 7-2　2014—2016 年扶贫重点县扶贫资金投入情况

单位：亿元

扶贫资金投向	2014 年	2015 年	2016 年
资金总额	1420.9	1897.1	2958.6
1. 农业	130.1	172.3	263.0
2. 林业	69.9	101.7	112.6
3. 畜牧业	75.4	101.9	178.3
4. 农产品加工业	22.7	26.8	22.3
5. 农村饮水安全工程	37.8	51.6	59.9
6. 小型农田水利及农村水电	58.0	50.0	66.5
7. 病险水库除险加固	13.0	15.6	16.2
8. 村通公路（通畅、通达工程等）	181.4	277.5	303.5
9. 农网完善及无电地区电力设施建设	42.5	64.6	81.7
10. 村村通电话、互联网覆盖等农村信息化建设	12.1	34.1	35.8
11. 农村沼气等清洁能源建设	5.9	5.6	7.6
12. 农村危房改造	109.0	145.0	191.3
13. 乡卫生院、村卫生站（室）建设及设施	16.6	20.9	24.6
14. 卫生技术人员培训	1.9	1.5	2.2
15. 劳动力职业技能培训	11.3	11.0	13.8
16. 易地扶贫搬迁	78.5	87.1	507.3
17. 农村中小学建设	160.3	189.4	216.8
18. 农村中小学营养餐计划	74.4	84.8	103.4
19. 其他	319.1	458.9	751.9

数据来源：《中国农村贫困监测报告》。

党的十八大以来，党和国家深入分析现阶段我国贫困地区及贫困群体的特征及原因，因地制宜地优化了扶贫资金投入方向及领域。从 2016 年开始，中央财政专项扶贫资金每年新增资金重点用于支持"三区三州"等深度贫困地区的脱贫攻坚。2017年，安排地方政府债务600亿元，为贫困地区改善生产生活条件、提升基础设施建设提供有力支持；安排中央预算内资金244亿元、贴息贷款1185亿元推进易地扶贫搬迁工作，完成近340万贫困人口的易地搬迁任务。另外，在教育、健康、生态保护等方面的投入持续增加，确保贫困人口享受医疗与教育的机会与权利。而村级扶贫资金主要投向村通公路、农村危房改造、易地扶贫搬迁等基础设施建设以及教育、医疗等公共服务方面（见表7-3）。

表7-3　2017年村级扶贫资金投向

村级扶贫资金投向	占比（%）
农业	8.6
村通公路（通畅、通达工程等）	22.3
易地扶贫搬迁	18.2
农村危房改造	19.3
畜牧业	5.5
农网完善及无电地区电力设施建设	2.2
农村饮水安全工程	6.4
农村中小学建设	2.6
小型农田水利及农村水电	2.0
中低产田改造、土地开发整理	1.1
其他	11.8

数据来源：国家统计局。

3. 投入地区分布更加科学、合理

我国扶贫资金投入地区分布与贫困地区分布一致。受地理位置和自然环境影响，我国贫困分布呈现出较为明显的区域性特征，由东到西贫困程度渐

强,富裕程度渐弱,与此相应,我国中央财政扶贫资金投入向中西部倾斜的地区特征越来越明显。

1994年实施的"八七扶贫攻坚计划"提出将用于沿海经济较发达地区的扶贫发展及信贷资金调整出来,集中用于中西部贫困状况较为突出地区的脱贫及发展。党的十八大以来,中央财政扶贫资金投入深入贯彻"精准扶贫"思想,将有限的财政专项扶贫资金按照贫困县集中程度以及贫困人口数量及比例等指标,更加科学、合理地分配到各个地区。2019年总计约1261亿元的中央财政专项扶贫资金分配东部地区共83.5亿元,占资金总额的比例不到7%;分配中部地区共298.6亿元,约占资金总额的24%;分配到西部地区共878.8亿元,占资金总额的比例近70%,其中云南、新疆、甘肃、贵州等贫困地区较为集中的省份,中央财政专项扶贫资金分配额度均超过100亿元(见表7-4和图7-2)。

表7-4 2019年中央财政专项扶贫资金各省分配情况

地区	省份	合计(万元)
全国	全国合计	12609512
东部地区	河北	339364
	辽宁	111202
	江苏	29052
	浙江	32486
	福建	61262
	山东	68683
	广东	35243
	海南	158040
中部地区	山西	384803
	吉林	160798
	黑龙江	243690
	安徽	344863

续表

地区	省份	合计（万元）
中部地区	江西	308071
	河南	466948
	湖北	526263
	湖南	550955
西部地区	重庆	240747
	四川	914670
	贵州	1042417
	云南	1275383
	西藏	735129
	陕西	601555
	甘肃	1078745
	青海	359887
	宁夏	290930
	新疆	1162421
	内蒙古	245813
	广西	840092

数据来源：财政部。

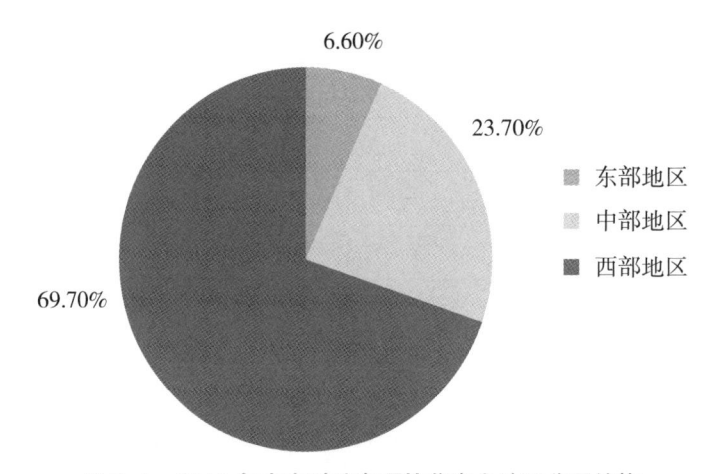

图 7-2　2019 年中央财政专项扶贫资金地区分配结构

数据来源：根据财政部数据整理得出。

4. 投入使用的精准度显著提升

扶贫资金投入使用的精准性是习近平总书记关于扶贫的重要论述的重要方面之一，一方面强调资金要精准投向真正需要的贫困群众及贫困地区，另一方面则是强调资金使用安排的精准性。至此，我国粗放的"大水漫灌"式的扶贫成功转向"精准滴灌"式的扶贫模式，在扶贫瞄准单位的精准度显著提升的同时，扶贫资金投入的精准度也不断提高。

我国扶贫资金投入使用的精准度显著提升有四方面基础。首先，建立在贫困县的确定及贫困户的识别上，只有贫困识别精准，才有扶贫资金投入精准。我国在全国范围内开展了到村入户式的贫困情况摸底调查并进行建档立卡工作，通过公告公示、群众评议等公开方式进行识别与确定，保证贫困户识别的精准性，为扶贫资金精准投入提供了先决条件。

其次，建立在贫困退出机制的健全上，只有脱贫者及时退出扶贫范围，扶贫资金才能更多投向尚未脱贫者。贫困退出机制与贫困识别机制相互配合，保证符合脱贫标准的贫困县及贫困户及时退出，并确保新增贫困人口和返贫人口及时纳入扶贫范围，有效防止了扶贫资金投向出现偏差。

再次，建立在"五个一批"工程的实施上，只有充分考虑差别而非"一刀切"，扶贫资金才能实现效能最大化。"五个一批"是根据贫困地区具体环境及贫困人口致贫原因的差别，因地制宜地对发展生产、易地搬迁、生态补偿、发展教育以及社会保障等方式的选择与组合。在"五个一批"的保障下，扶贫资金投入才能有效防止"一刀切"的资金效率损失。

最后，体现在措施到户精准上，只有措施到户，资金才能到户。根据不同贫困户的不同困难和需求，一户一策地制定帮扶措施，同时施以严格的动态监控，才能保证资金无偏地用于解决贫困户的现实困难和实际需求。

由此可见，扶贫资金走向更为精准的投入使用，除了选择不同的资金投入方式、调整投入方向和领域以及地区分布外，还有赖于脱贫攻坚的总体方略和具体措施。在多方保障下，扶贫资金的投入使用效益才能得到相应的提升，才能兼顾脱贫攻坚的短时效果与长期效益，既有利于解决当前紧急的绝对贫困问题，又为建立解决相对贫困问题打下良好基础。

三、服务精准脱贫的监管

坚决打赢脱贫攻坚战、实现全面建成小康社会的目标不仅需要不断加大对贫困地区的资金投入力度,更需要对扶贫资金的投入及使用加强监督,切实提高扶贫资金使用效率。党的十八大以来,以习近平同志为核心的党中央越来越重视对扶贫资金的监管,一方面,保护了困难群众的"救命钱",另一方面,保障了脱贫减贫工作的顺利进行。我国扶贫资金监管体系能够充分发挥作用,关键是能够以精准脱贫的要求为出发点和落脚点,主要体现在如下三个方面。

1. 建立健全扶贫资金监管体系

党的十八大以来,我国扶贫资金监管在"精准脱贫"思想的指导下,以加强制度建设、完善顶层设计为重点,将现代信息技术及大数据平台应用于监管过程,构建了主体清晰、权责明确、法规健全、流程规范、措施有力、预警及时的扶贫资金监管体制,监管力度不断加大,效果显著增强。

首先,新时代有中国特色的全方位、多层次、全流程的扶贫资金监管体系正在建立健全。这一体系能够覆盖扶贫资金事前、事中、事后的全流程监管,能够发挥财政监督、审计监督、人大监督、纪检监察、专项督查巡查等各类监督主体的监管职能,并为群众参与扶贫资金监督提供了越来越畅通的渠道,形成内部监督与外部监督的监管合力,提升了扶贫资金监管的精准度。

其次,日益健全的法律法规为扶贫资金的监管提供了强有力的依据与保障。以《中华人民共和国预算法》为基础,《中央财政专项扶贫资金管理办法》《财政部门财政扶贫资金违规管理责任追究办法》《财政专项扶贫资金绩效评价办法》以及地方政府出台的扶贫资金管理办法为主体,扶贫资金监管的法律法规体系不断健全,为提升扶贫资金监管的精准度提供了重要依据与保障。

再次,各级政府建立起由各相关部门参与的综合监管机制。一是扶贫资金使用的内部监管日趋严格，扶贫部门建立健全扶贫资金的分配使用、项目管理及绩效考核管理机制，实行自我管理、自我监督。二是着力发挥审计部门的资金审计监督职能，对扶贫资金的投入使用进行严格审计并对结果及时公示。三是纪检监察机关对扶贫资金履行督查职责，不断加大对扶贫领域公职人员的监督，集中整治、查办扶贫领域的违法违纪问题。四是各级人大、政协及民主党派对扶贫资金的监管职责得到了越来越充分的发挥，专门的人大、政协监督组深入脱贫攻坚工作中，了解脱贫工作情况，发现问题，从而强化监督作用。五是社会监督在扶贫资金监管中扮演着越来越重要的角色，扶贫项目及资金投入使用公示制度，为群众、社会团体参与监督以及舆论监督提供更多有效信息。多层次的综合监管机制为提升扶贫资金监管的精准度提供了制度保障。

最后，以精准脱贫为核心的扶贫资金监管体系可以有效克服扶贫资金涉及部门及层级较多、政策执行主观性较强以及较易发生截留、挪用甚至侵占、贪污等问题，使得扶贫资金的减贫脱贫功能最大化地发挥。随着我国精准脱贫工作的不断推进，扶贫资金监管体系也逐步建立并向着更加精准的方向发展。

2. 监管体系的效能更加精准

在监管不力的情况下，会不可避免地出现扶贫资金投入使用方向不精准、投入方式不合理以及各种违法违纪违规行为。因此，建立健全功能完备的扶贫资金监管体系尤为重要，这就需要扶贫资金监管体系的各个组成部分精准发挥监管效能，以加强扶贫资金管理的科学性、提高资金投入使用的精准性、确保扶贫政策的严格落实以及行使资金管理职权者遵纪守法。

第一，扶贫资金投入使用的法治性显著提高。党的十八大以来，我国扶贫资金监管法律法规及管理办法不断完善，为扶贫资金监管提供了强有力的法律依据，发挥了法律法规的强制约束性功能。在扶贫实践中，能够以法律法规为准绳，严惩扶贫资金贪污挪用、非法侵占等不良现象，扶贫资金监管体系展现出强大的威慑力。

第二，扶贫审计的精准效能充分发挥。严格执行对扶贫资金的审计监管，能够及时发现扶贫资金投入使用中的低效、违规等方面问题，并提出有效的整改方案，从而提高扶贫资金投入使用成效。党的十八大以来，扶贫审计受到党中央、国务院的高度重视并得到长足发展，目前已经形成制度化、常态化的发展势头，既有常规审计，又有专项审计，审计成效显著，已成为脱贫攻坚最重要的抓手之一。

第三，监管体系的全流程化保障整体效能升级。全流程监管体系的建立健全能够确保扶贫资金投入使用的各流程均具有较高效能，且监管更加精准。首先，事前的识别及项目论证等流程监管，能够确保资金投入使用的精准性和可行性，即扶贫资金投入使用方向正确。其次，事中的及时跟踪及动态监管，能够及时发现扶贫资金使用及项目、政策落实中出现的偏差及问题，为及时地纠偏止损提供有效保证，减少扶贫资金的浪费。再次，事后的绩效评价是衡量扶贫资金投入使用效益的主要依据，并且能够为下阶段的资金分配及项目安排提供重要参考。最后，扶贫资金的阳光化管理能够为群众参与扶贫资金监管提供依据，让群众充分了解扶贫资金的投入及使用结果，为扶贫资金投入使用的可持续铺平道路。

由此可见，党的十八大以来，我国全面加强各级各类扶贫资金管理，推动扶贫项目资金全面绩效管理，力争做到"花钱必问效，无效必问责"，对扶贫资金的监督检查做到了常态化、制度化、精准化，确保扶贫资金投入使用的效能加倍提升。

3. 强化监管体系的现代化建设

当前，我国扶贫资金监管体系日益健全，在扶贫资金投入使用中发挥着越来越重要的作用，这与中央和地方政府针对脱贫攻坚的新情况、新问题不断推进我国扶贫资金监管体系和监管能力的现代化建设是分不开的。

第一，修订相关资金管理及考核办法。中央和地方政府根据脱贫攻坚形势的变化及工作中出现的新问题，对相关的资金管理及考核办法进行修订，从而提高其科学性和有效性。为适应脱贫攻坚形势的新变化，2019年11月，财政部联合国务院扶贫办印发了《关于调整〈财政专项扶贫资金绩效评价指标评分表〉的通知》，对 2017 年出台的财政专项扶贫资金评价指标进行了调整。从指标分数、抽查项目量的要求等方面对扶贫资金绩效评价内容进行了完善。此举进一步完善了财政专项扶贫资金绩效评价的指标体系，优化了绩效评价的方法和依据。

第二，实施一系列专项治理行动。中央及地方政府通过一系列的专项治理行动，对扶贫领域内出现的资金管理不到位等现象进行了整改。例如，2019 年 4 月至 9 月，财政部、农业农村部等 7 部委开展了大型惠民惠农财政补贴资金"一卡通"专项治理行动，发现"一卡通"管理使用中存在的各种问题，并有针对性地解决了问题，优化了资金使用及监管流程。

第三，在监管过程中全面引进新技术，运用新手段。当前，我国正将互联网、大数据等信息技术融入到扶贫资金监管过程中，监管手段实现了升级。其一，大幅降低了扶贫资金投入使用违法违规行为的发生率；其二，为各监管部门及群众提供更全面、及时的扶贫资金投入使用信息；其三，为扶贫资金助力脱贫攻坚战提供了更大的效能。

总之，建立健全以精准脱贫为出发点和落脚点的扶贫资金监管体系，是我国国家治理体系与治理能力日趋现代化的重要体现，为世界其他国家扶贫资金监管贡献了中国经验。

四、资金保障的不断创新

党的十八大以来，党和国家以坚决打赢脱贫攻坚战、建立解决相对贫困的长效机制为目标，切实提高扶贫资金的投入使用效益，将"精准扶贫"思想贯彻到扶贫资金投入使用及监管的各个环节，实现了扶贫资金投入使用的理论创新、模式创新及制度创新，有利于增强扶贫资金的可持续性、建立面向未来的精准化扶贫资金投入体系，为世界贡献扶贫资金投入使用的中国方案。

1. 扶贫资金投入使用的理论创新

习近平总书记关于扶贫资金的重要论述为我国扶贫资金投入使用实践提供了创新性的理论基础。

第一，充分阐释扶贫资金对于打赢脱贫攻坚战的重要性。习近平总书记在有关脱贫攻坚的会议及讲话中多次强调了扶贫资金的重要性，提出要加大财政对扶贫开发工作的投入力度，扶贫资金投入要与打赢脱贫攻坚战的要求相匹配。贫困地区经济社会发展落后，基础设施与公共服务条件差，加大资金投入能够为改善贫困人口的生存及发展条件、激发贫困地区经济发展的内生动力提供有力的物质保障。

第二，为扶贫资金精准投入提供强有力的理论支撑。习近平总书记提出的"精准扶贫"思想包含"六个精准"要求，"资金使用精准"位列其中，与扶持对象精准、项目安排精准、措施到户精准、因村派人精准、脱贫成效精准一道确保脱贫攻坚工作的精准推进。"资金使用精准"的要求矫正了多年来我国在扶贫资金投入使用中存在的粗放式"大水漫灌"的倾向，让有限的扶贫资金投入到真正有需要的群众及地区，对于扶贫资金精准投入使用具有重大的理论引导作用。

第三，为解决扶贫资金监管难题提供具有应用价值的理论指导。习近平总书记强调要找到影响资金使用效率的根本问题，加大对资金的统筹整合力度，赋予基层更多的自主权，取消公益性建设项目对县级配套资金的要求。该论述对当前资金小而散的问题提出了根本性的解决思路，对于提高扶贫资金投入使用效率具有重大意义。另外，针对扶贫领域贪污腐败、虚报冒领等行为，习近平总书记提出了"阳光扶贫、廉洁扶贫"，加大对违法违规现象的惩治力度。这对于建立健全我国扶贫资金监管体系、提高扶贫资金监管效能具有重要理论指导作用。

2. 中国扶贫资金投入使用的制度创新

不断推进扶贫资金投入使用的法制化、科学化，推动实现扶贫资金投入使用的全流程、动态化监管是我国扶贫资金投入使用制度创新的重要体现。

首先，多渠道、多元化拓展的资金投入模式。在发挥政府投入主体和主导作用的同时，鼓励、吸引金融资本、社会资金投入到扶贫开发中，有效发挥财政扶贫资金的引导和杠杆作用，着力拓宽扶贫资金来源，为打赢脱贫攻坚战提供了更加有力的资金保障。

其次，取消基层资金配套要求。取消中央财政扶贫资金对县及县以下的资金配套要求，是中国扶贫资金投入使用制度日趋科学合理的重要体现，能够有效减少由于地方配套资金不足，致使公益性扶贫建设项目无法落实的现象，缓解贫困地区的财政压力。

再次，加强扶贫资金的阳光化管理。贯彻习近平总书记阳光化管理扶贫资金理念，有效提升了扶贫资金投入使用的透明度，各级各类监管主体均能够获得充分信息，对扶贫资金投入使用中的违法违规违纪行为具有较强的警示和纠正作用。

最后，运用新技术手段推动扶贫资金投入使用制度创新。充分运用现代信息技术推进扶贫资金投入使用的大数据平台的建设，可以对扶贫资金来源、投入与使用、评价、监管等各方面提供实时数据分析，为加速相关制度创新提供了有利的技术条件。

第八章

考核评估：
制度设计与实践

中国减贫取得巨大成就的根本原因是中国特色社会主义道路的制度优势和政治优势，中国自党的十八大以来实施的一套卓有成效的考核评估制度体系，则是中国特色社会主义道路的制度优势和政治优势的重要表现。在一定意义上，考核评估体系的调整优化和不断完善，是中国精准扶贫精准脱贫基本方略得以顺利实施的重要制度保障。首先，考核评估制度体系是精准扶贫精准脱贫基本方略即"六个精准""五个一批"的重要组成部分之一，"脱贫成效精准"就是由考核评估来保障的。其次，考核评估制度体系既是中国特色减贫道路的重要内容，也是2020年中国实现在现行标准下农村贫困人口全部脱贫，贫困县全部摘帽，解决区域性贫困的核心问题，正如习近平总书记在2020年3月6日召开的决战决胜脱贫攻坚座谈会上讲话中所指出的那样："到2020年现行标准下的农村贫困人口全部脱贫，是党中央向全国人民作出的郑重承诺，必须如期实现。""要严把退出关，坚决杜绝数字脱贫、虚假脱贫……确保经得起历史和人民检验。"[①]"坚决完成这项对中华民族、对人类都具有重大意义的伟业。"

一、考核与评估制度的演变历程

中国扶贫脱贫的考核评估制度是在长期减贫实践过程中不断摸索优化调整完善起来的，是伴随着不同阶段减贫的目标任务及其政策制度而发展起来的。了解减贫考核评估制度的阶段性变化过程及其规律，能够更好地理解和

[①] 习近平：《在决战决胜脱贫攻坚座谈会上的讲话》，2020年3月6日，中共中央党校（国家行政学院）网。

认识中国特色减贫道路实践探索的经验模式和来龙去脉。中国减贫的考核评估制度体系的发展可以大致划分为以下几个阶段。

1. 第一阶段（1978—1993年）：单一收入维度机制下的贫困县考核与评估

改革开放后，中国的农村扶贫政策目标是根据人均收入的单一衡量标准进行区域瞄准和评估的。1986年，国务院贫困地区经济开发领导小组首次以绝对收入的考核评估标准确定国家贫困县，即按照县年人均收入低于150元、对民族自治县标准放宽的原则，将331个贫困县列入国家重点扶持范围。从此，以绝对收入为考核评估标准、以县为单位使用扶贫资源成为中国扶贫开发政策和减贫考核评估机制的重要特点。1992年，根据绝对收入的动态考核评估标准，首次对贫困县进行评估调整，使年人均纯收入超过700元的县退出国家级贫困县序列，将年人均纯收入低于400元的县，全部纳入国家级贫困县序列。

2. 第二阶段（1994—2000年）：多重指标衡量的贫困县考核与评估

1994年，为适应《国家八七扶贫攻坚计划》，实行基于多维度和多指标等测度标准，国务院扶贫开发领导小组对国家级贫困县进行了新一轮评估和调整。贫困县数量确定采取"631指数法"，即贫困人口（占全国比例）占60%权重（其中绝对贫困人口与低收入人口各占80%与20%）；农民人均纯收入较低的县数（占全国比例）占30%权重；人均GDP低的县数、人均财政收入低的县数占10%权重。根据以上原则和方法，在全国确定了592个县（旗、市）为国家级贫困县并进行重点扶持。

3. 第三阶段（2001—2012年）：贫困村、贫困县和集中连片特困地区监测考核与评估

2001年，为配合《中国农村扶贫开发纲要（2001—2010年）》的出台和

实施，国务院扶贫领导小组在全国确定了 15 万个贫困村作为整村推进的典型，推动贫困村快速发展，通过考核评估贫困村的基础设施水平、人均增收情况等多方面内容，实施贫困村发展奖惩机制。2011 年，《中国农村扶贫开发纲要（2011—2020 年）》出台，将集中连片特殊困难地区作为新阶段扶贫主战场，将全国划为 14 个集中连片特困地区，共涵盖 689 个县市区，并建立了片区发展规划和扶贫监测评估机制。

4. 第四阶段（2013 年至今）：全面小康背景下的精准扶贫成效考核与评估

2013 年开始，精准扶贫方略实施以来，中国为了能够在 2020 年实现全面建成小康社会目标任务，确定了通过加强扶贫开发工作和减贫成效考核评估顶层设计并出台《省级党委和政府扶贫开发工作成效考核办法》《财政专项扶贫资金绩效评价办法》《中共中央办公厅、国务院办公厅关于建立贫困退出机制的意见》等一系列涉及不同行业部门、不同区域政府的考核评估机制，不断创新和完善年度扶贫开发成效考核、财政专项扶贫资金绩效考核、贫困退出专项评估等考核评估机制，建立了新时期减贫成效考核体系和贫困户、贫困村、贫困县的退出评估机制。在考核评估减贫成效、精准识别、精准帮扶、扶贫资金使用管理、贫困退出等方面，已经形成科学完整合理的减贫考核评估机制体系。为全面建成小康社会提供了坚实的考核评估体系机制保障。

二、考核评估的创新

2013 年之后，中国特色社会主义减贫道路的考核评估制度创新更加富有特色、更加具有创新性，主要体现在对省级党委和政府扶贫开发成效进行年度考核评估、对贫困县退出进行专项考核评估、对中央国家部委（定点帮扶）和省际间（东西部扶贫协作）帮扶机制进行考核评估、扶贫领域专项考核评估监督巡查、脱贫攻坚普查五个方面。

1. 省级党政年度考核评估

这是中国减贫考核评估中最常规也最基本的考核评估制度之一。按照《省级党委和政府扶贫开发工作成效考核办法》，从2016年到2020年，由中国国务院扶贫开发领导小组组织，每年度对中西部22个省党委和政府扶贫开发工作成效进行考核，采取方式有三种，即交叉考核、第三方评估和媒体暗访，这是进行省级政府年度减贫成效考核评估的常态化方式，力求全方位展示扶贫脱贫成效、压实工作责任。通过这三种方式考核，进行综合评比，实行年度排名。

一是交叉考核。交叉考核评估是减贫评估的重要方式，交叉考核通过组织扶贫政策出台和落实部门等专业人员组成考核组，利用部门座谈、查阅资料、入户走访、干部访谈等方式，对各级党委政府的责任落实、政策落实、工作落实、贫困人口识别准确率、脱贫人口退出准确率、群众满意度等方面进行考核评估，以考核评估其扶贫脱贫的工作成效。同时针对存在的突出问题和薄弱环节，督促各地落实整改措施，全面提升扶贫工作水平。

交叉考核的方法是：不同区域省份之间进行交叉考核，采取省县情况交流、基层座谈访谈、政策项目核查、入户调查核实相结合的方式组织实施。在责任落实方面重点考核各级党委政府主体责任、地方各级行业部门分工责任、驻村结对帮扶责任等扶贫主体责任落实情况。在政策落实方面重点考核贫困群体"两不愁三保障"的政策保障情况和"五个一批"政策实施情况，对照各行业部门政策部署和工作要求进行针对性评价。在工作落实方面，重点对照年度工作计划、研究部署和项目方案进行考核，主要包括年度脱贫攻坚目标任务完成情况、建档立卡识别退出动态调整工作开展情况、各类扶贫开发项目组织实施情况、扶贫资金拨付使用管理情况、脱贫攻坚各项监督考核检查发现问题整改落实情况、驻村结对帮扶工作开展情况等内容。

二是第三方评估。第三方评估是扶贫成效考核的重要方式，第三方的独立性是保证评估结果公正的起点，其专业性和权威性是保证评估结果公正的基础。因此，第三方评估区别于政府机构的考核评估，第三方评估独立设计扶贫评估指标体系、评估内容和评估机制，形成科学、合理的考核评估方法，通过定性与定量相结合的方式，形成其独立的评估结论。第三方评估因其评估结果的客观性和公正性，已成为贫困县退出评估的关键环节。

第三方评估检查采取抽样调查、重点抽查、村组普查、座谈访谈等相结合的方法进行。首先抽样调查，按照科学抽样要求，对贫困县建档立卡户和非建档立卡户进行分层抽样。其次重点抽查，对贫困县偏远、通达度差、人均收入水平靠后的乡村进行重点抽查。再次村组普查，结合实际情况，通过行政村或村民小组普查、排查、参与式调查等方式，对抽查村漏评人口进行全面调查。重点关注未纳入建档立卡的低保户、危房户、重病户、残疾人户等群体。最后座谈访谈，对县乡村干部和县人大代表、县政协委员等进行座谈访谈，了解脱贫攻坚工作开展、政策措施落实、帮扶工作成效、后续帮扶计划和巩固提升工作安排等情况。

三是媒体暗访。媒体暗访是扶贫成效考核的补充方式，近年来，扶贫考核评估在传统交叉考核和第三方评估基础上，增加了媒体暗访。媒体暗访直接排查扶贫问题，能够完善当前的考核评估方式，有效弥补其他考核形式存在的不足。新闻媒体是各级干部开展社会治理的重要资源，在精准扶贫精准脱贫过程中，特别是考核评估过程中，运用新闻媒体能够推进扶贫工作的有效示范。增加媒体暗访考核环节，旨在最大程度地确保考核评估结果真实、可靠，利用新闻媒体提升扶贫工作成效也是媒体发挥好舆论监督功能的重要体现。

2. 贫困县退出的专项考核评估

这是中国减贫考核评估中影响最大也最严格的考核评估。是否符合贫困县退出标准，主要依据就是贫困县退出评估结果。为规范贫困县退出专项评估检查工作，提高贫困县退出的真实性和有效性，促进贫困县有序退出，2017年中国国务院扶贫开发领导小组办公室出台《贫困县退出专项评估检查实施办法（试行）》，对全国832个国家扶贫开发工作重点县和集中连片特困地区县进行退出专项评估，贫困县退出专项评估检查按照县级提出、省级报告审核、实地评估检查、综合评议及结果运用等步骤进行。

表 8-1 贫困县退出专项评估指标内容

评估指标		评估标准	计算公式
主要指标	综合贫困发生率	中部地区低于2%；西部地区低于3%	综合贫困发生率，指建档立卡未脱贫人口、错退人口、漏评人口三项之和，占申请退出贫困县的农业户籍人口的比重
参考指标	贫困人口错退率	低于2%	脱贫人口错退率，指抽样错退人口数占抽样脱贫人口数的比重
	贫困人口漏评率	低于2%	贫困人口漏评率，指调查核实的漏评人口数占抽查村未建档立卡农业户籍人口的比重
	群众认可度	原则上应达到90%	群众认可度，指认可人数占调查总人数的比重

贫困县考核评估的标准和具体考核评估内容指标主要有四个方面，如表8-1所示。贫困发生率主要考核退出县的贫困状况、减贫成效。贫困人口错退率主要考核贫困人口的脱贫增收状况、"两不愁三保障"落实情况。贫困人口漏评率主要考核贫困人口的识别精准度、是否做到贫困群体应纳尽纳。群众认可度主要考核群众对整体发展变化情况、脱贫攻坚成效、基础设施公共服务改善、帮扶效果等满意情况。

贫困县退出专项评估主要采取第三方评估方式，按照制定实施方案、实地评估检查、问题沟通核实、提交实地评估检查报告等程序，结合调研客观数据和群众主观感受等内容，将申请退出贫困县的综合贫困发生率、脱贫人口错退率、贫困人口漏评率和群众认可度等四项指标进行综合测量计算，重点评估县级检查脱贫攻坚部署、重大政策措施落实、后续帮扶计划巩固提升工作安排等情况。

3. 定点帮扶和东西部扶贫协作的考核评估

这是中国减贫最具特色的减贫制度，也是中国特色社会主义减贫道路制度优势和政治优势体现最鲜明的特点。从20世纪末期开始，中国为消除区域发展差异，探索实施了中央单位定点帮扶和东西区域协作帮扶机制，为促进贫困地区脱贫发展提供了强有力的资源保障。为考核评估帮扶机制的政策落实和减贫效果，从2017年开始，中国开始对帮扶机制进行考核评估。

一是定点帮扶机制考核评估。按照《中共中央办公厅、国务院办公厅关于进一步加强中央单位定点扶贫工作的指导意见》，国务院扶贫开发领导小组统一组织考核工作，组成考核工作组。从2017年到2020年，中央直属机关工委、中央国家机关工委、中央统战部、教育部、中国人民银行、国务院国资委分别牵头对中央直属机关、中央国家机关、各民主党派中央和全国工商联、高等院校、金融机构、中央企业等310家单位的定点扶贫工作开展考核。按照单位总结、分类考核、综合评议的方式进行考核评估，并根据考核结果将定点帮扶成效分为好、较好、一般、较差四个等次。

具体考核评估内容指标分为六个方面，第一是帮扶成效，主要考核帮助定点扶贫县完成脱贫攻坚任务情况，加大对深度贫困地区帮扶情况（定点扶贫县属深度贫困地区）。第二是组织领导，主要考核中央单位对定点扶贫工作重视程度、部署推动落实定点扶贫工作情况。第三是选派干部，主要考核中央单位向定点扶贫县选派挂职扶贫干部和第一书记等方面的情况。第四是督促检查，主要考核中央单位督促检查定点扶贫县党委政府承担脱贫攻坚主体责任、落实政策措施和加强资金项目管理等方面的情况。第五是基层满意情况，主要考核定点扶贫县、乡镇、村三级干部群众对中央单位帮扶工作和挂职干部工作的满意情况。第六是工作创新，主要考核中央单位发挥自身优势，开展精准帮扶、创新帮扶方式、总结宣传经验典型、动员社会力量参与等方面的情况。

二是东西部扶贫协作机制考核评估。按照《中共中央办公厅、国务院办公厅关于进一步加强东西部扶贫协作工作的指导意见》，国务院扶贫开发领导小组从2017年到2020年，确定由中央组织部、中央统战部、国家发展改革委、教育部、国家民委、财政部、人力资源社会保障部、国家卫生计生委、全国工商联等国务院扶贫开发领导小组成员单位组成考核工作组。对东部9个省和13个大城市对口帮扶的西部12个省和14个市州开展双向考核，按照省市总结、交叉考核、综合评议等程序，将东西部扶贫协作考核结果分为好、较好、一般、较差四个等次，并将考核结果作为对中西部省级党委和政府扶贫开发工作成效考核的参考依据。

具体考核评估内容指标按照东西双向考核方式，对东部地区而言，重点考核组织领导、人才支援、资金支持、产业合作、劳务协作、携手奔小康行动六个方面内容，考核向深度贫困地区倾斜支持情况。对西部地区而言，重点考核组织领导、人才交流、资金使用、产业合作、劳务协作、携手奔小康行动六个方面内容。

4. 专项考核评估监督巡查

扶贫领域专项考核评估创新是中国特色社会主义制度在扶贫脱贫领域的具体体现。正如中国国家主席习近平所讲，"开展督查巡查，加强常态化督促指导"。开展扶贫领域专项考核评估，有利于形成扶贫工作领域横向和纵向相结合的考核体系，全面改善扶贫领域工作作风。扶贫领域专项考核评估创新主要有扶贫督查巡查、专项巡视和民主党派监督三种方式。

一是督查巡查。2016年开始，中国的中央办公厅、国务院办公厅出台《脱贫攻坚督查巡查工作办法》，每年由国务院扶贫开发领导小组各成员单位组成督查巡查组，对签订脱贫攻坚责任书的中西部22个省（自治区、直辖市）开展综合督查，根据上一年度省级党委政府扶贫开发工作成效考核试评估和财政专项扶贫资金绩效评价，对存在突出问题的省份进行巡查。督查巡查工作围绕实施精准扶贫精准脱贫基本方略，主要采取实地调研、暗访抽查、受理举报等方式进行，督促推动扶贫责任落实和减贫工作落实，通过查找和解决突出问题，总结精准扶贫精准脱贫典型经验，确保脱贫攻坚各项目标任务得到落实，推动扶贫减贫工作获得实效。督查的重点内容主要包括以下几个方面：脱贫攻坚责任落实情况，专项规划和重大政策措施落实情况，减贫任务完成情况以及特困群体脱贫情况，精准识别、精准退出情况，行业扶贫、专项扶贫、东西部扶贫协作、定点扶贫、重点扶贫项目实施、财政涉农资金整合等情况。

二是专项巡视。2018年，中央首次针对脱贫攻坚开展专项巡视，通过对地方政府、中央部委和国有企事业单位开展扶贫主题专项巡视,聚焦脱贫攻坚重点对象,深入查找脱贫攻坚中具有普遍性、倾向性的问题,督促落实脱贫攻坚政治责任,确保如期完成脱贫攻坚目标任务。扶贫专项巡视坚持以人民为中心的政治立场,着力发现和解决损害群众利益的突出问题,重点关注扶贫责任落实不到位、脱贫攻坚工作不精准、形式主义官僚主义等问题。通过开展扶贫领域作风专项整治行动等方式,使扶贫工作能够接受干部群众监督,及时回应社会关切,有利于充分发挥巡视监督在扶贫脱贫过程中的独特作用。

三是民主党、派监督。开展脱贫攻坚民主监督是中共中央赋予各民主党派的一项新任务,是民主党派履行民主监督职能的新领域。民主监督机制一直贯彻于改革开放以来扶贫减贫工作全过程中,党的十八大以来,民主监督在脱贫攻坚领域发挥了新的关键作用。在精准扶贫过程中,民主党派将民主监督与协商、监督、参与、合作融为一体,完善了会议、调研、视察、提案等监督形式,民主监督逐步进入常态化、规范化和制度化轨道。民主党派通过深入贫困地区、贫困群众中开展调查研究,了解中共中央关于脱贫攻坚大政方针和决策部署贯彻落实情况,及时发现问题,提出建设性意见,帮助地方党委政府更好地完成扶贫任务,使民主监督成为推动政策落实的过程。

5.脱贫攻坚普查

脱贫攻坚普查是新中国成立以来首次为解决贫困问题而开展的专项普查。由国务院副总理担任组长,20个党政部门负责人为成员,组成了国家脱贫攻坚普查领导小组。中国国家主席习近平指出"要严格考核开展普查……从下半年开始,国家要组织开展脱贫攻坚普查,对各地脱贫攻坚成效进行全面检验。这是一件大事。要为党中央适时宣布打赢脱贫攻坚战、全面建成小康社会提供数据支撑,确保经得起历史和人民检验"[①]。开展脱贫攻坚普查,一方面是为了全面审视脱贫攻坚成效,不仅看贫困县是否实现脱贫摘

---

① 习近平:《在决战决胜脱贫攻坚座谈会上的讲话》,2020年3月6日,中共中央党校(国家行政学院)网。

帽，还看是否筑牢了贫困人口稳脱贫的基础，精确掌握贫困地区、贫困人口的可持续发展能力；另一方面是为了及早发现脱贫过程中隐藏的问题困难，及时梳理开展脱贫攻坚以来专项巡视、成效考核、日常巡查等发现的普遍性问题，精准掌握直接影响脱贫攻坚目标任务实现的问题和需要长期解决的问题。由此可以看出，开展脱贫攻坚普查，是确保高质量打赢脱贫攻坚战的重要基础，也是确保全面实现小康社会目标的最后一道检验环节。

三、考核评估的经验启示

从前面介绍中可以看出，改革开放以来，特别是党的十八大以来，中国已经形成了具有明显特色的减贫考核评估制度体系并取得了明显成效，减贫考核评估机制不仅促进了中国特色社会主义理论与实践的创新，还得到了国际社会的高度肯定和认可，为世界各国提高减贫质量提供了中国方案和中国经验。归纳起来主要是：

1. 最严格的考核评估制度

精准扶贫以来，中国一直实行最严格的考核评估制度，为全面打赢脱贫攻坚战提供了重要制度保障。如图 8-1 所示：

党的十八大以来，中国的减贫考核评估机制围绕扶贫领域、扶贫开发成效、脱贫退出评估三个方面构建了全方位、多层次的考核评估体系。一是为改善扶贫领域工作作风而开展的督查巡查、专项巡视、民主党派监督等专项考核，自上而下的监督考核有效杜绝了形式主义、官僚主义、弄虚作假的现象；二是为落实扶贫责任而开展的交叉考核、媒体暗访、第三方评估等扶贫工作绩效考核，多元化考核方式有效加强了干部队伍建设，提高了政治觉悟和履职本领；三是为提升脱贫减贫成效而开展的第三方专项评估，第三方评估的客观公正，有效保证了脱贫成效的质量，全面展现了贫困退出机制的科学过程，从而保障了扶贫的真实性、脱贫的真实性。

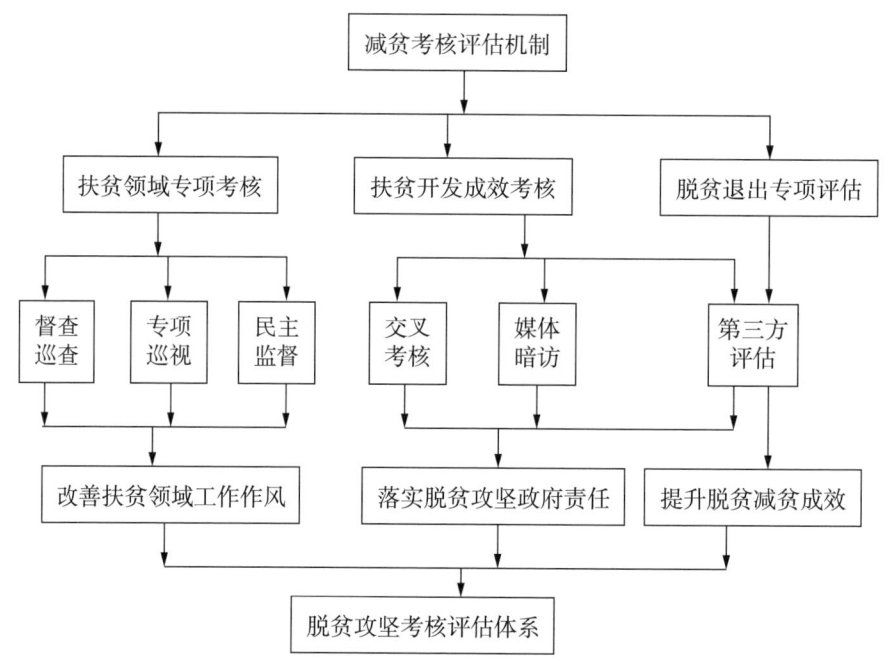

图 8-1　中国减贫考核评估机制

2. 贯穿全过程，提高"精准性"

精准扶贫以来，中国从精准识别、精准帮扶、精准脱贫等进行全过程考核评估，将扶贫对象与帮扶措施相结合、扶贫过程与减贫目标相结合，确保了扶贫工作务实、减贫过程扎实、脱贫结果真实。一是考核评估聚焦精准识别，将贫困户漏评、错评等现象纳入考核范围，创新采取建档立卡的方法确定贫困群体，精准识别贫困群众，做到贫困户应纳尽纳；二是考核评估聚焦精准帮扶，因户施策、一户一策是精准扶贫的核心要义，考核评估促使贫困群体享受有针对性的帮扶措施；三是考核评估聚焦精准脱贫，考核评估的标准就是否达到了脱贫的条件，是否达到了贫困县摘帽具体指标和标准（例如"三率一度"标准，漏评率、错退率和贫困综合发生率不能超过3%，群众的满意度超过90%），统筹衡量帮扶对象的精准性、帮扶过程的针对性、帮扶效果的有效性。

3. 拓展考核评估内容

中国考核评估并不是一成不变的，而是根据脱贫攻坚新进展新形势新要求不断进行改进完善的。从落实精准扶贫方略到实现全面小康过程中，习近平总书记不止一次强调：打好精准脱贫攻坚战，要坚持党中央确定的脱贫攻坚目标和扶贫标准，既不降低标准，也不吊高胃口，确保焦点不散、靶心不变。为此，中国各级扶贫责任主体以脱贫为目标、坚持底线思维，不断拓展考核评估内容。一是强化扶贫的"三落实"考核内容，即责任落实、政策落实和工作落实。扶贫的关键是强化扶贫干部的责任意识，保障贫困群体能够享受到国家帮扶政策，进而提升和转变工作作风，因此，强化考核"三落实"是评估政府减贫工作的关键。二是实施脱贫标准考核，即"两不愁三保障"。到2020年实现现行标准下的脱贫攻坚，是中国全面建成小康社会的底线目标。通过对基本标准的考核评估，引导基层始终坚持脱贫攻坚目标不偏离，始终坚持现行扶贫标准不偏离。

4. 完善考核评估方式

与以往考核方式单一化、模板化、简单化有所不同，中国的减贫考核从多个方面改进和完善，全方位立体式考核评估，形式上表现出多元化特征，方法上呈现出多样性特色。

一是实行分类考核。实地考核中，在共同聚焦扶贫质量、脱贫成效的同时，针对贫困县、深度贫困县、脱贫摘帽县、非贫困县等不同对象，在考核内容各有侧重，比如针对贫困县和深度贫困县重点考核减贫成效和脱贫任务完成情况，针对脱贫摘帽县重点考核巩固脱贫成果和防止返贫，针对非贫困县重点考核扶贫工作落实情况，分类考核提高了考核的针对性、科学性和有效性。

二是优化考核评估方式。无论是扶贫开发成效考核、贫困县退出评估还是扶贫领域专项巡查、帮扶机制考核，都采取干部座谈访谈与农户入户调查相结合的方式，更加侧重入户调查，比如贫困县退出第三方评估以部门座谈访谈为基础,以县域1000余户的入户调研样本为数据支撑。

三是增加问题沟通核实环节。针对考核评估发现的问题,地方有异议的,可解释说明或提供证明材料。考核评估组按程序进行复查复核,由考核专家组成员与地方沟通之后,进行综合研判。

四是采取综合分析评价方法。采用年终考核与平时工作情况相结合、第三方评估与部门数据相结合、定性与定量相结合的方式,对各地各部门脱贫攻坚成效进行综合分析评价,既防止"一考定终身",也避免"以分论英雄"。

5. 科学合理的考核评估指标

科学合理的考核评估指标体系能够有效提升减贫效果的认可度。中国所构建的减贫考核评估指标体系在适应精准扶贫形势变化的基础上,重点结合权威专家和扶贫部门的意见建议,参考多维贫困国际标准,对贫困户、贫困村和贫困县的减贫脱贫进行分级考核,保证了贫困户、贫困村、贫困县层层考核、有序脱贫。一是就贫困户退出而言,考核指标主要是该户年人均纯收入稳定超过国家扶贫标准且吃穿不愁,义务教育、基本医疗、住房安全有保障。二是就贫困村退出而言,考核指标以贫困发生率为主要衡量标准,统筹考虑村内基础设施、基本公共服务、产业发展、集体经济收入等综合因素,原则上贫困村贫困发生率降至2%以下(西部地区降至3%以下)。三是就贫困县退出而言,原则上贫困县贫困发生率降至2%以下(西部地区降至3%以下)、贫困人口漏评率降至2%以下、贫困人口错退率降至2%以下,具体指标包含贫困群体的脱贫状况、产业发展、就业帮扶、易地扶贫搬迁、群众认可度等内容。正是基于科学合理的考核评估指标和多维贫困国际标准的实践应用,中国的扶贫工作和减贫成效才得到国际社会的一致认可和肯定。

6. 注重考核评估结果有效运用

党的十八大以来,中国通过多种方式科学运用扶贫减贫考核评估结果,比如将扶贫开发成效纳入政府工作绩效考核指标,改变了地方政府的政绩观，提升了考核结果的应用效率。通过用好考核结果，对好的给予表扬奖励，对差的约谈整改，对违纪违规的严肃查处，有效强化了考核评估结果的指挥棒作用。

一是改变了地方政府的唯GDP政绩论。"唯GDP"论、忽视生态环境保护、人类可持续发展等诸多弊端，通过减贫成效的考核结果导向，引导贫困地区政府从重GDP转向重脱贫成效。

二是建立了扶贫开发的奖惩机制。通过对地方政府扶贫工作的综合衡量和考核，对扶贫开发责任落实有力和效果较好的省份领导进行资金奖励，对扶贫开发责任落实不力和效果较差的省份领导进行约谈督促，据统计，截至2019年底，累计拨付省级扶贫开发奖励资金超过20亿元。

三是落实了问题整改任务。党的十八大以来，针对考核评估发现的问题，落实各级纪委监委（纪检监察组）监督责任和有关职能部门监管责任，督促各地建立问题整改清单，落实脱贫攻坚过程中的问题整改任务，排除了扶贫开发过程中的问题隐患，保证了脱贫攻坚始终沿着正确方向进行，据统计，脱贫攻坚以来，每年全国都要整改几万个涉及扶贫领域的问题。

7. 可借鉴性和示范性

随着中国扶贫考核评估机制、考核评估方式、考核评估指标体系等内容的不断完善，中国减贫考核评估体系为科学评估脱贫攻坚成效提供了坚实的制度保障。以考核促扶贫、以评估促脱贫已经成为中国扶贫考核评估的基本范式，进而提升了中国减贫成效的国际认可度。中国扶贫成效考核评估实践也为世界各国科学开展减贫效果评估提供了可参考借鉴的经验遵循。

一是覆盖范围广。中国扶贫考核评估体系包括扶贫开发成效考核、贫困退出评估、扶贫领域专项考核、帮扶责任机制考核等内容，考核评估范围涵盖了党政领导、帮扶责任主体及贫困户群体等多个方面，在扶贫脱贫全过程中，在精准识别、精准帮扶、脱贫成效等环节，实施最严格的考核制度，并将考核评估结果作为扶贫干部政绩考核的关键内容进行衡量和测度。以脱贫实效为依据，以群众认可为标准，建立了严格、规范、透明的贫困退出机制。

二是专业性和独立性强。以第三方专业机构评估检查为特点的上下联动考核方式，组织扶贫研究领域专业人才组成考核评估队伍，对扶贫开发成效进行客观公正评估，并延伸发展了交叉考核、媒体暗访、督查巡视等常态化考核手段，形成多元化、立体化的考核评估方式。

三是考核评估指标科学全面且符合实际。以多维贫困视角构建科学合理的考核评估指标体系，统筹考量贫困群体的收入水平、义务教育、基本医疗、住房条件、产业发展、就业扶持等多维度条件改善，并将群众认可度作为减贫成效考核评估重要内容，将客观数据与主观感受统一纳入考核评估内容，形成科学合理的减贫考核评估指标体系。

中国减贫考核评估体系是在实践中不断摸索创新完善的，对于世界各国有重要的可借鉴性和参考性，对未来中国减贫发展也有指导性。2020年后，伴随中国消除绝对贫困目标的完成，未来的减贫目标任务和重点也将转向到建立解决相对贫困长效机制上来。因此，考核评估体系也将紧紧围绕建立解决相对贫困长效机制的核心来重新构建：第一，由于相对贫困更多体现的是长效性的特点，因此，考核评估将会更多偏向评估，这样，考核周期也将会随着考核目标任务长效性而适当地延长到3年一次或者更长。第二，考核评估方式上可能会更加注重第三方评估专业性和独立性，采取政府购买服务的形式，发挥扶贫研究队伍的专业优势，继续保持减贫考核评估结果的客观公正。第三，考核评估结果将会更加偏重在应用方面的指导性，现阶段中国考核评估已经注重结果运用，未来考虑将减贫考核结果纳入日常政府施政行为，对考核结果的实际应用价值进一步提升。第四，考核评估的组织规模、考核时间、评估主体等方面也会进行适当变革，结合相对贫困的任务变迁和群体变化，适时组织结构合理的人才队伍开展考核评估。第五，相对贫困考核评估可能会更加注重多维评估视角，结合构建相对贫困长效机制的目标任务，未来考核评估将更多关注贫困群体的基础保障、福利水平、发展能力等多维状态改善。第六，国际减贫评估合作交流将更加广泛，减贫是世界面临的共同任务，与国际社会开展减贫评估经验合作交流是讲好中国减贫故事的中心内容。

第九章

交流分享：
减贫中的国际合作

贫困是当今世界面临的全球性挑战。自1901年朗特里首次提出"一个家庭的总收入不足以维持最基本的生存活动需求即贫困"后，国际社会对减贫理论与减贫实践进行了不懈探索。近几十年，全球国际发展合作蓬勃发展，但是随着发展中国家与发达国家之间的贫富差距持续扩大，全球化进程的快速推进，环境、贫困等发展问题已经突破了单个国家或地区的范畴，成为全球面临的共同挑战。消除贫困作为当今世界面临的最大全球性挑战，既需要广大欠发达国家的减贫努力，也需要国际社会的协同合作。正如习近平总书记在2020年新年贺词中所说："我们愿同世界各国人民携起手来，积极共建'一带一路'，推动构建人类命运共同体，为创造人类美好未来而不懈努力。"作为负责任的大国，中国在致力于消除自身贫困的同时，也积极开展国际减贫合作，建立以合作共赢为核心的新型国际减贫伙伴关系，在国际减贫事业中分享中国经验、提供中国方案和贡献中国力量，支持和帮助广大发展中国家特别是最不发达国家消除贫困。

一、中国减贫与全球反贫困

贫困现象和人类社会相伴而生。直到今天，虽然全球经济有了根本性发展，但贫困现象仍以不同形式、不同程度呈现在世界各个角落，世界各国通过不同的方式致力于反贫困斗争。中国减贫作为世界反贫困斗争的重要组成部分，取得了举世瞩目的巨大成就，为世界减贫做出了重大贡献。

1. 中国减贫是世界反贫困斗争的组成部分

在 2000 年召开的联合国千年首脑会议上，世界各国领导人就消除贫穷、饥饿、疾病、文盲、环境恶化和对妇女的歧视，提出了"联合国千年发展目标"。"联合国千年发展目标"由八个目标组成，其中首要目标是消除极端贫困和饥饿，旨在将全球贫困水平在 2015 年之前降低一半（以 1990 年的水平为标准），其他目标诸如普及小学教育、促进性别平等、降低儿童死亡率、改善孕产妇保健、与艾滋病及其他疾病斗争、确保环境的可持续性和建立全球发展伙伴关系等也都和减少贫困密切相关。十五年间，联合国千年发展目标一直是全世界的总体发展框架。2000 年以来各国为实现千年发展目标不懈努力，2015 年千年发展目标中的减贫目标基本完成，全球减贫事业取得重大进展。根据联合国《千年发展目标 2015 年报告》，全球生活在极端贫困中的人数从 1990 年的 19 亿人下降至 2015 年的 8.36 亿人，其中大多数进展是在 2000 年后取得的。

千年发展目标取得的巨大成就，为可持续发展目标的提出和实施奠定了实践基础。2015 年，联合国 193 个成员国在峰会上正式通过可持续发展框架，旨在解决社会（平等、公正）、经济（贫困）和环境三个维度的发展问题，扩展了千年发展目标的内涵和外延。可持续发展框架一共有 17 项可持续发展目标和 169 个具体目标。作为目前全球面临的最大挑战之一，消除贫困依然是联合国 2030 年可持续发展议程的首要目标。

作为世界第二大经济体的人口大国，改革开放以来，中国特色扶贫开发方式使 7 亿多贫困人口摆脱了绝对贫困，创造了人类减贫史上的奇迹。中国减贫作为世界反贫困斗争的组成部分，通过自身发展和实践为全球减贫事业树立了榜样。

2. 中国减贫对全球减贫的贡献

尽管全球在减贫工作上取得了显著成绩，但各地区之间由于历史、政治、经济、文化等原因，减贫工作存在较大差距。根据世界银行的划分，将全世界划分为 7 个区域：东亚和太平洋地区、欧洲和中亚地区、拉丁美洲和加勒比地区、中东和北非地区、南亚地区、撒哈拉以南非洲地区以及其他区域。1990—2015 年，得益于各国经济社会的快速发展与减贫政策的有效实施，东亚和太平洋地区、南亚地区的减贫效果显著，贫困人口数量分别从 1990 年的 9.87 亿人、5.36 亿人减少到 2015 年的 0.47 亿人、2.16 亿人，贫困率分别从 1990 年的 61.6%、47.3% 下降到 2015 年的 2.3%、12.4%，而撒哈拉以南非洲地区减贫形势严峻。① 可以说近二十年来，全球减贫进展主要是在东亚和太平洋地区以及南亚地区取得的，其中主要是中国贫困人口的减少。中国作为东亚地区最大的发展中国家，1990—2015 年的贫困率由 1990 年的 66.58% 降到了 2015 年的 0.73%，有 7.46 亿人（按每人每日生活费 1.9 美元的国际标准）摆脱了贫困，占到世界减贫规模的 70.11%，东亚地区减贫规模的 79.36%。② 按照中国现行农村贫困标准计算，中国农村贫困人口从 1978 年的 7.7 亿人，下降到 2018 年的 1660 万人，农村贫困发生率从 97.5% 下降到 1.7%，下降了 95.8 个百分点。根据联合国开发计划署发布的《2019 年人类发展报告》，亚太地区人类发展进步速度居世界首位。南亚地区增长最快，东亚地区其次。值得注意的是，1990 年至 2018 年，中国的人类发展指数（HDI）从 0.501 跃升到 0.758，增长了近 51.1%。中国由此进入到"高人类发展水平"国家之列。自 1990 年引入人类发展指数以来，中国是世界上唯一一个从"低人类发展水平"跃升到"高人类发展水平"的国家。"中国式减贫"使中国成为世界上减贫人口最多的国家，也成为世界上率先完成联合国千年发展目标的国家，为全球减贫事业做出了重大贡献。

二、减贫国际合作的历史脉络

开展减贫领域的国际合作是中国减贫的基本经验之一，减贫领域的国际

---

① 李玉恒、武文豪、宋传垚、刘彦随：《世界贫困的时空演化格局及关键问题研究》，《中国科学院院刊》2019 年第 1 期。

② 数据来源：世界银行网。

合作是中国减贫行动的重要内容。从减贫国际合作的历史脉络来看，中国在减贫方面的国际合作经历了三个阶段：从 1978 年到 2004 年，中国减贫国际合作主要是学习和借鉴国际经验，将国际上好的做法整合到中国的减贫实践中；从 2004 年到 2015 年，这一时期中国的减贫成就开始受到国际关注，中国社会开始和世界其他国家交流和分享中国的减贫经验；2015 年以来，中国开始贡献减贫方案，在发展中国家实践中国的减贫经验。

1. 2004 年之前：学习和转化

新中国成立后，努力打破外部封锁，积极开展对外交流合作，争取国际社会支持。改革开放以来，中国与联合国发展系统和世界银行等国际机构和组织在减贫领域开展广泛合作，同时接受部分发达国家提供的援助、实施减贫合作项目，在资金投入、知识转移、技术援助等方面获得了支持。中国减贫实践也有了一个学习国际经验的平台，中国积极学习借鉴国际社会先进的减贫理念与方法，推动中国减贫事业发展。

根据 UNDP 在 1997 年编写的参与中国扶贫、粮食安全和妇女三类项目的国际组织名录，有 50 多个各类国际组织从不同角度参与了中国的扶贫活动。在中国自身的经济实力还不是太强的情况下，国际机构和组织的资金投入，包括官方的无偿援助、软贷款等，对弥补中国的资金不足发挥了重要的作用。例如，世界银行自 1996 年起在中国实施扶贫贷款项目，已完成的五期扶贫项目的贷款投入总规模达到 7.7 亿美元，几乎覆盖了中国西部的每一个省份，对于中国来说是很大的资金支持。从 1995 年到 2000 年间，国际组织在中国扶贫领域投入了约 55 亿元人民币，其中扶贫软贷款 44 亿元，扶贫捐赠 11 亿元，对中国脱贫的贡献率为 4%。1995 年，中国政府批准成立了国务院扶贫办外资项目管理中心，具体负责扶贫国际合作项目的组织管理，同时也负责推广国际机构先进的扶贫理念、管理模式与方法。

同时，中国也学习借鉴了国际社会先进的减贫理念与方法。如我国构建基于人均消费的绝对贫困标准和相对贫困标准的过程。中国在 1985 年开始制定官方贫困线，采用的是食物贫困线与通过恩格尔系数法测算的非食物贫困线之和的方法，当时确定的贫困线是农村年人均纯收入 206 元。之后每年会根据物价上涨指数进行微调，但由于不同人群在消费结构上的差异以及收入增长速度要高于物价上涨速度，使得贫困线在人均收入水平中的比重越来越低，到 1995 年，仅相当于 33.59%。国家统计局也认识到这一方法的不足，并于 1997 年采纳了世界银行的建议，根据食品消费支出函数回归模型来客观计算低收入群的非食物消费支出，也就是通常说的马丁法，测算出贫困标准是 1995 年价格水平上的人均纯收入 625 元，随后每年再根据物价指数进行调整。这条贫困线一直使用到 2008 年。世界银行为了监测全球的减贫进展，提出了著名的国际 1 美元的贫困标准，中国虽然没有直接采取该标准，但一直将国际标准作为调整官方贫困标准的一条参照线。中国的贫困标准的调整与国际减贫理念的发展和国际贫困标准的调整有着紧密的关系，这些调整也非常有利于中国随着经济的发展使更多人口受益于扶贫政策，并持续优化扶贫资源投入。除了基于人均消费构建的贫困标准，中国也在逐渐辅之以国际上倡议的其他维度衡量贫困的指标，比如多维贫困指数和人类发展指数等能更好地反映贫困人口不平等问题的指标，从而做到多方面地划定贫困标准，更全面地衡量我国贫困人口。

20 世纪 90 年代开始，国际机构开始大规模援助中国扶贫开发，世界银行、联合国开发计划署、亚洲开发银行、英国国际发展部、德国技术合作机构等双边、多边国际机构先后与中国开展了卓有成效的减贫项目合作。国际对华援助在一定程度上补充了中国政府投入的不足，加快了扶贫工作的进程。国际扶贫机构把国际社会先进的减贫经验、理念和方法应用到中国反贫困实践中，对中国扶贫开发工作产生了积极影响，提升了扶贫开发水平和效益。例如中国现在扶贫中广泛使用的参与式扶贫，是世界银行和亚洲开发银行力推的理念。中国传统的救济式和开发式扶贫是一种"自上而下的、完全由政府主导的扶贫模式，扶贫对象一直处于接受帮助的受援者的客体地位"。[①] 参与式扶贫不仅仅是扶贫技术层面的改变，也是对传统自上而下的

---

① 李红琴：《农村贫困地区参与式扶贫模式的优化策略》，《农业经济》2013 年第 8 期。

救济式扶贫和开发式扶贫思路的变革，它通过采用自下而上的决策方式，赋予贫困人口知情权、决策权和监督权，激发群众的积极性、主动性和参与性。这是中国扶贫与世界扶贫在理念和方式上的互动，也是中国扶贫对世界经验的有效吸纳与借鉴。此外，小额信贷、社区发展基金等目前仍然在中国减贫实践中发挥重要作用的减贫手段在中国的使用和推广也都和国际机构的支持密切相关。

国际机构在中国的减贫合作项目包含的内容也十分广泛，涉及环境治理和可持续发展、基础设施建设、农村综合发展、提供和改善公共服务、产业开发和扶贫方式研究等，缓解了项目区贫困人口的贫困程度，这些援助项目对中国政府的减贫活动起到了很好的补充作用。更为重要的是，通过引进、学习和借鉴国际上先进的农村发展和扶贫理念、方式方法、紧密结合中国国情，经过项目试点所形成的经验，对中国扶贫开发的理论、政策和方法产生了积极的影响，有力地推动了扶贫开发的制度创新，促进了扶贫开发整体管理水平的提升，同时也为加快全球减贫的进程，为世界减贫事业的发展做出了积极的贡献。

2. 2004 年到 2015 年：交流和分享

在向国际社会借鉴和学习减贫经验、理论的过程中，中国的减贫理论、减贫模式也不断形成，在全世界除了贡献了减贫人口的成就以外，也贡献了政府主导大规模减贫的经验。2004 年 5 月，世界银行主办、中国政府承办的上海全球减贫大会成功召开，会议主题是交流国际扶贫经验、提出新的扶贫举措、推动全球扶贫事业的发展。这也是第一次将世界各国的发展实践者聚集一堂，共商如何加快减贫和推广成功的减贫项目和活动的实际方法。大会期间，中国向世界推广了中国的经验，中国的发展和减贫经验受到广泛重视和关注。这标志着中国减贫领域的国际合作向交流和分享转变。

中国和国际社会在减贫领域的交流和分享方式主要是共建减贫交流合作平台、举办减贫援外培训班，对发展中国家开展减贫项目援助等。从 2007 年开始，中国和联合国驻华系统在每年 10 月 17 日"国际消除贫困日"联合举办"减贫与发展高层论坛",探讨国际减贫的形势和问题。2007年,中国举办了"中国—东盟社会发展与减贫论坛",推动中国与东盟地区的减贫合作,加快减贫进程,促进区域的发展、稳定和繁荣。2010年,中国与有关国家和国际机构共同举办了中非减贫和发展会议,强调通过在"变革中求发展"的方式削减贫穷,推动千年发展目标在非洲的进程。[①] 近年来,中国共完成了40多项国内外扶贫理论与政策研究,举办了上百次减贫方面的高层对话会、研讨会、名人论坛和双边互访减贫交流,与墨西哥、阿根廷、秘鲁、委内瑞拉、哥伦比亚、坦桑尼亚、莫桑比克等发展中国家签订减贫合作协议或共建减贫合作中心,在扶贫领域的交流逐渐深化。[②]

在商务部援外培训的框架下,中国同国际机构合作举办减贫援外培训班,主要对发展中国家的政府官员进行业务培训,使其了解中国的减贫经验和行动。这些减贫援外培训项目主要是由国务院扶贫办下属的中国国际扶贫中心主办或承办。中国国际扶贫中心发端于2004年5月中国国务院扶贫办、商务部与联合国开发计划署签署的《关于建立中国国际扶贫中心的谅解备忘录》,是上海全球扶贫大会的重要成果之一。该中心于2004年12月成立,是以"交流扶贫经验、推进减贫进程、组织应用研究、促进政策优化、加强国际交往、推动国际合作"为宗旨的国际性发展援助机构。自2005年中国国际扶贫中心举办首期减贫援外培训班至2019年3月,在商务部、财政部、外交部、国务院扶贫办等的支持和世界银行、联合国开发计划署以及亚洲开发银行等国际机构的协作下,中国国际扶贫中心已经举办了130期减贫培训班。[③] 减贫援外培训主要采取理论讲解、经验介绍、案例分析、实地考察、参与式讨论等方式,特别是通过对中国陕西、广西、江苏、甘肃、湖北、内

---

① 韩广富、何玲:《中国政府同国际社会在扶贫开发领域交流与合作问题探析》,《当代中国史研究》2015年第3期。
② 《中国农村扶贫开发的新进展》,《人民日报》2011年11月17日。
③ 《范小建在中国国际扶贫中心成立五周年活动上致辞》,2010年12月16日,中华人民共和国中央人民政府网;张远新:《中国贫困治理的世界贡献及世界意义》,《红旗文稿》2020年第22期。

蒙古等省、自治区的扶贫开发整村推进、劳动力转移就业培训、易地扶贫搬迁、产业化扶贫、退耕还林还草、小流域综合治理、连片开发减贫等扶贫开发项目的考察，增加学员对中国减贫经验的理解，提高其理论水平和政策设计能力。

3. 2015年以来：传播和实践

2015年以来，中国政府提出了"确保到2020年，中国现行标准下农村贫困人口全部实现脱贫"的目标。在扶贫政策方面，创新使用政府行政主导、干部驻村等方式；在贫困治理机制方面，打破部门壁垒，建立考核评估体系。精准扶贫工作取得了一系列成绩：截至2018年底，中国农村绝对贫困人口减少到1660万人，贫困发生率降至1.7%。全国832个贫困县有436个摘帽，全国12.8万个贫困村有10.2万个脱贫，区域性整体贫困明显缓解。[1]中国的精准扶贫方略在精准识别、精准帮扶、精准管理、精准退出等方面对其他发展中国家有重要的借鉴意义。基础设施建设、产业扶贫、金融扶贫、教育扶贫、健康扶贫、生态扶贫、培训转移、易地搬迁、社会保障兜底等"中国式扶贫"做法丰富了全球减贫国际公共产品，为全球减贫事业贡献了中国智慧和中国力量。

而在实现和完成联合国千年发展目标后，世界减贫合作与发展跨入了新的历史阶段，联合国可持续发展框架已经成为指导各国国内自身发展和国际发展合作的普遍性的政策框架和目标导向。中国先后发布了《落实2030年可持续发展议程中方立场文件》《中国落实2030年可持续发展议程国别方案》以及《中国落实2030年可持续法阵议程进展报告》，明确提出中国将不断深化南南合作，帮助其他发展中国家做好2030年可持续发展议程的落实工作，尤其是在《中国落实2030年可持续发展议程国别方案》中，对于目标1、目标2、目标3、目标4、目标9、目标10、目标11、目标14和目标

---

[1] 李小云，陈邦炼，唐丽霞：《精准扶贫：中国扶贫的新实践》，《中共中央党校（国家行政学院）学报》2019年第5期。

17 中具有国际减贫意义的具体目标，中国政府都提出了相应的承诺和方案，这个方案成为中国推动全球国际发展合作和可持续发展目标实现的重要指导性方案。值得注意的是，中国作为全球最早实现千年减贫发展目标的发展中国家，也成为了制定和推动联合国 2030 年可持续发展目标、坚持减贫和共享发展、构建人类命运共同体的主要推动者和倡导者，关键在于新时期中国减贫理论和实践探索的新模式、新经验为国际减贫合作提供了更多的合作机遇条件和共享发展的友好意愿。中国开展国际减贫合作，既有承诺，也有举措。习近平主席在多个国际重大场合宣布中国开展国际发展合作的一系列务实举措，2015 年，在联合国的系列峰会上，习近平代表中国政府提出了帮助发展中国家发展经济、改善民生的一系列新举措，包括中国将设立"南南合作援助基金"；继续增加对最不发达国家投资，力争 2030 年达到 120 亿美元；免除对有关最不发达国家、内陆发展中国家、小岛屿发展中国家截至 2015 年底到期未还的政府间无息贷款债务；未来 5 年向发展中国家提供"6 个 100"的项目支持；向发展中国家提供 12 万个来华培训和 15 万个奖学金名额，为发展中国家培养 50 万名职业技术人员，设立南南合作与发展学院等。2017 年首届"一带一路"国际合作高峰论坛上，习近平主席宣布未来 3 年内向参与"一带一路"建设的发展中国家和国际组织提供 600 亿元人民币援助，建设更多民生项目；向沿线发展中国家提供 20 亿元人民币紧急粮食援助；向南南合作援助基金增资 10 亿美元；向有关国际组织提供 10 亿美元等一系列重要举措。2018 年中非合作论坛北京峰会上，习近平主席宣布未来 3 年重点实施产业促进、设施联通、贸易便利、绿色发展、能力建设、健康卫生、人文交流、和平安全等"八大行动"。为推动项目顺利实施，中国以政府援助、金融机构和企业投融资等方式向非洲提供 600 亿美元支持。

从减贫实践来看，中国把促进其他发展中国家农业和农村发展、减贫作为对外援助的优先领域。近年来，中国通过在亚洲、非洲、拉美、南太平洋等地区的 100 多个国家援建农场、农业技术示范中心、农业技术试验站和推广站，派遣农业技术人员和高级农业专家传授农业生产技术和提供农业发展咨询等方式，与各国分享农业技术、经验和农业发展模式，实践中国农业技术在发展中国家的适应性。在亚洲地区，2014年中国提议实施"东亚减贫合作倡议"，与东盟国家共同提供一亿元人民币开展乡村减贫推进计划，建立东亚减贫合作示范点。按照项目设计，云南省国际扶贫与发展中心、广西外资扶贫项目管理中心和四川省扶贫和移民局项目中心分别承担缅甸、老挝和柬埔寨的减贫示范合作技术援助项目。东亚减贫示范合作技术援助项目已在缅甸、老挝和柬埔寨中的6个项目村落地，援助主要内容包括改善村内基础设施和公共服务设施，开展产业发展项目和能力建设活动等。减贫示范项目的实施切实改善了当地村民的生产生活条件，增加了村民收入，提升了示范村和村民的自我发展能力。在非洲地区，中国为非洲国家援建水利基础设施、职业技术学校、社会保障住房等设施，打造农业合作示范区。在拉美地区，中国援建农业技术示范中心，帮助受援国当地民众摆脱贫困。在南太平洋地区，中国开展基础设施建设和农业、医疗等技术合作援助项目。此外，中国政府还和联合国粮农组织等国际机构共同组织编写全球减贫案例，通过网络平台和全球分享中国的减贫实践和经验。

三、不同主体的国际减贫合作

1. 和国际多边机构的合作

中国和国际发展机构之间建立了伙伴关系，并在与国际发展机构合作中获得了更多减贫理论和经验，大大加速了中国的减贫进展。这也是中国在减贫合作方面大力支持国际多边机构的原因之一。

鉴于国际多边机构在发展援助领域的作用突出，尤其在推动发展筹资、实现千年发展目标以及应对全球性发展问题等方面发挥巨大作用。中国通过自愿捐款、股权融资等方式，支持并参与多边机构发展援助行动。

《中国的对外援助（2014）》白皮书指出，2010年至2012年，中国向联合国开发计划署、工业发展组织、人口基金会、儿童基金会、粮食计划署、粮食及农业组织、教育科学及文化组织，世界银行、国际货币基金组织、世界卫生组织以及全球抗击艾滋病、结核病和疟疾基金等国际机构累计捐款约17.6亿元人民币,支持其他发展中国家在减贫、粮食安全、贸易发展、危机预防与重建、人口发展、妇幼保健、疾病防控、教育、环境保护等领域的发展。中国加强与亚洲开发银行、非洲开发银行、泛美开发银行、西非开发银行、加勒比开发银行等地区性金融机构的合作,促进更多资本流入发展中国家的基础设施、环保、教育和卫生等领域。截至2012年,中国向上述地区性金融机构累计捐资约13亿美元。继2005年中国出资2000万美元在亚洲开发银行设立减贫和区域合作基金之后,2012年中国再次出资2000万美元续设该基金,用于支持发展中成员的减贫与发展。截至2012年底,中国累计向亚洲开发银行的亚洲发展基金捐资1.1亿美元。此外,中国利用在非洲开发银行、西非开发银行和加勒比开发银行设立技术合作基金,支持上述机构的能力建设。

2. 和双边援助机构的合作

双边援助机构又称发达国家政府援助,资金来自各国的官方发展援助。目前,世界上提供发展援助数量较大的发达国家均设有专门负责对外提供援助的机构,美国的国际开发署、日本的海外经济协力基金、德国的经济合作部、法国的合作部、英国的国际发展部、瑞典的国际开发计划署、荷兰的国际合作总局等分别是各国专门负责对外援助的机构。

中国接受双边援助的历史可以追溯到1979年,在其后的两年里,中国先后与澳大利亚、加拿大、德国、比利时等国签订双边发展合作总协定或议定书,并与欧盟和日本确立了援助合作关系。中国还与荷兰、挪威、新西兰签署了无偿援助的双边框架协议,并与瑞典、芬兰、卢森堡等国有不定期的发展合作关系。上述国家政府对中国提供的双边援助是通过与中央或者地方政府的合作项目来进行的。国外双边机构在中国扶贫领域的项目于1986年开始相继开展。这些双边机构援助的资金被主要用在中西部民族地区、革命老区、边疆地区和特困地区,促进了当地的经济和社会发展。例如,澳大利亚国际发展署于1987年开始支持中国贫困地区农业和畜牧业开发项目;德国技术合作公司于1988年在山东沂蒙山区实施了规模庞大的粮援项目。还有荷兰政府援助安徽霍山县综合扶贫项目、英国国际发展部援助甘肃省教育和社会扶贫项目等。

近年来，中国也积极探索和西方发达国家的双边援助机构开展三边合作，共同在全球最不发达国家进行发展援助，促进这些国家的减贫与发展，比较有代表性的实践包括中国和美国在东帝汶开展的农业合作项目、中国和英国在乌干达和马拉维共同开展的农业项目等。从2010年开始，中国国际扶贫中心就开始和经合组织发展援助委员会开展合作，专门研究和探索中国减贫经验国际化的路径。

四、国际减贫合作的方式

1. 政策对话

中国通过与国际组织和政府机构等建立减贫方面的政策对话的机制化平台，分享减贫经验，开展多层次、多领域的减贫国际合作。中国政府与联合国驻华系统以及其他国际机构专门设立了"全球减贫和发展论坛"，以推动国际减贫和发展领域的高级政府官员、知名专家学者和减贫实践者进行对话和交流，促进发展中国家制定有效的扶贫战略和政策，加快实现千年发展目标。中国—东盟社会发展与减贫论坛聚焦中国与东盟的减贫合作，通过交流各自的减贫实践经验，探讨深化减贫的战略思路和途径方法，创造机制化的对话平台为推动双方减贫合作提供新思路，并且通过对话产生实实在在的发展项目，如中国与老挝、柬埔寨、缅甸3个国家开展东亚减贫示范合作技术援助项目。中国国际扶贫中心与非洲国家定期举办中非减贫与发展会议，促进中非双方分享减贫经验，开展减贫领域的交流；此外还与世界银行、中国财政部共同主办的中非共享发展经验高级研讨会，加强多边层面的减贫交流。中非合作论坛是中国和非洲国家之间在平等互利基础上的集体对话机制，成立于2000年。中非合作论坛现已形成机制化框架，成为中非之间开展各领域合作的重要交流平台。在中非合作论坛多次部长级会议中，都将减贫这一重要领域作为讨论议题，并制订出具体合作计划，如《中非经济和社会发展合作纲领》《中非合作论坛－沙姆沙伊赫行动计划（2010至2012年）》等，在中非合作论坛的机制化框架下，中非双方以此为契机，开展了多种类型的减贫合作。

2. 技术合作

技术合作是中国减贫国际合作的重要方式。中国通过向发展中国家派遣各类专家，在农业、手工艺、广播电视、清洁能源、文化体育等领域广泛开展技术合作，转让适用技术，提高受援国技术管理水平。中国还派出高级规划咨询专家，与其他发展中国家共同制定土地开发利用、清洁能源利用、河流治理以及经济合作等规划。例如，中国专家在利比里亚开展竹藤编技术合作，向当地近500人传授竹藤编织技能，不仅有助于当地民众增加收入、扩大就业、摆脱贫困，也促进了利比里亚竹藤产业的发展。农业发展对发展中国家减少贫困至关重要。中国通过开展农业技术合作，积极帮助其他发展中国家提高农业生产能力，有效应对粮食危机。中国在莫桑比克、苏丹、利比里亚、卢旺达、老挝、东帝汶等多个国家援建的农业技术示范中心，是展示中国先进农业品种技术的技术合作平台。中国通过试验、示范、培训等多种方式，将先进适用的农业生产技术推广给当地民众。利比里亚农业技术示范中心推广杂交水稻和玉米种植面积近千公顷，培训当地农业科研人员和农民千余人次。卢旺达农业技术示范中心开展菌草、稻谷等种类作物的适应性研究、试验和示范工作，不仅注意结合当地传统农业，还将技术培训推广至卢旺达妇女协会、稻谷种植协会等机构。

3. 项目合作

在中国减贫国际合作的实践中，也注重与广大发展中国家开展减贫项目合作。2015年中国政府在联合国南南合作圆桌会议上明确提出了向发展中国家提供"6个100"的项目支持，其中包括100个减贫项目、100个农业合作项目、100个促贸援助项目、100个生态保护和应对气候变化项目、100所医院和诊所、100所学校和职业培训中心。中国正在也将持续为共同推进国际减贫、实现联合国2030年可持续发展议程而贡献中国智慧和中国力量。在"6个100"项目框架下嵌入中国的减贫经验，将形成中国减贫经验国际合作的实践案例和指南。例如中国援斐菌草技术示范项目是由习近平主席推动、中斐两国领导人共同确定的技术援助项目。项目旨在通过技术培训与示范推广，将传统的菌草养菇和新兴的菌草养畜相结合，带动斐济乃至整个南太平洋地区的农民增收和环境保护，为应对气候变化和可持续发展开辟一条新途径。现在，菌草种植技术已推广到全世界100多个国家，并被列为中国—联合国和平与发展基金项目，成为落实2030年可持续发展议程、提供"中国方案"的重要农业技术。截至2019年7月，中国已与100多个亚洲、非洲和拉丁美洲国家合作开展了100个减贫项目和100个农业合作项目。①

五、国际减贫合作的启示与展望

中国的减贫工作是全球减贫事业的一个重要部分，近几十年来的减贫实践和成果已得到了国际社会的广泛认可。中国作为世界上最大的发展中国家，为世界反贫困斗争做出了巨大贡献。2011年出台的《中国农村扶贫开发纲要（2011—2020年）》的第31条明确指出，"通过走出去、引进来等多种方式，创新机制，拓宽渠道，加强国际反贫困领域交流。借鉴国际社会减贫理论和实践，开展减贫项目合作，共享减贫经验，共同促进减贫事业发展"。2020年3月6日，习近平总书记在决战决胜脱贫攻坚座谈会上的重要讲话中指出，中国减贫方案和减贫成就得到国际社会普遍认可。今年脱贫攻坚任务完成后，我国将有1亿左右贫困人口实现脱贫，提前10年实现联合国2030年可持续发展议程的减贫目标，世界上没有哪一个国家能在这么短

---

① 《中国为全球减贫和南南合作贡献中国智慧》，2019年7月12日，国家乡村振兴局网。

的时间内帮助这么多人脱贫，这对中国和世界都具有重大意义。

中国的精准扶贫取得了举世瞩目的成就，作为负责任的大国，中国愿意与世界各国分享减贫的成功经验。中国通过政策对话、技术合作和项目合作等多种方式，与多双边机构和政府积极合作，推动中国减贫经验的国际化。在分享中国减贫经验的同时，也在很多发展中国家通过农业技术示范中心、减贫合作项目等方式，结合当地实际情况，因地制宜地开展减贫的实践。经过多年努力，中国已经成功开创了中国特色的减贫国际合作模式。

但是，当前中国减贫国际合作仍面临着不少挑战，中国减贫国际合作仍任重道远。

首先，需加强相关研究，提供对不同国家有针对性的减贫方案。中国当前的减贫经验的国际合作主要是基于中国的减贫经验，在发展中国家进行试验，来探索中国减贫经验对于其他国家的示范性和借鉴性。未来中国应该加强对发展中国家贫困问题、致贫原因、减贫政策和减贫治理体系的研究，从而能够为不同的国家提供有针对性的减贫方案；国际社会一直都非常重视对发展中国家减贫方面的支持，也有很多的实践经验，中国也需要加强对这些国际经验的研究和总结，为中国减贫的国际合作提供政策参考。中国参与的减贫合作丰富了全球的减贫实践经验，在分享和实践中国的减贫经验的同时，要注重形成系统的中国减贫和发展的理论，从而成为国际减贫合作理论和实践的重要组成部分，提升中国在减贫国际合作领域的影响力。

其次，升级减贫合作方式，注重国家减贫治理能力提升。目前，中国减贫国际合作实践主要采取的都是项目的方式，在不同的国家开展农业、教育、卫生、饮水、村庄综合发展等方面的项目实践，这些虽然能够在一定程度上缓解贫困问题，但是贫困问题本身是系统性的，单一的项目无法触及系统性的致贫原因，从而使得项目效果无法可持续。很多发展中国家都制定了本国的减贫战略，在未来的减贫合作中，中国可以考虑如何对接这些国家的减贫战略，帮助这些国家更好地实施减贫战略，将减贫合作的重点从直接服务于贫困人口转向促进国家减贫治理能力提升上。

再次，下沉减贫经验国际交流和政策对话的重心和议题。中国现在已经建立起了各种国际减贫经验和政策对话交流机制，10.17减贫与发展高层论坛、中非减贫与发展会议、中国—东盟社会发展与减贫论坛等政策对话和交流机制经过多年的实践已日趋成熟，但是目前参与政策对话和交流机制的人员主要来自于政府部门、国际机构、科研机构和智库等，缺乏来自贫困群体和扶贫一线的实践者，交流讨论的问题多是宏观性总体性问题，对于扶贫微观实践关注度不够，并且更重视交流和讨论，缺乏后续实践行动，建议下沉减贫经验国际交流和政策对话的重心和议题，更加注重后续行动的落实机制等。

最后，拓宽和国际机构减贫合作的领域。国际机构在国际减贫实践、研究和政策方面有着丰富的经验，中国已经非常注重和国际机构之间的合作，目前合作主要在于共同开展减贫实践尝试以及对中国减贫经验的总结和国际化，中国应该充分利用国际机构在研究发展中国家贫困问题、减贫政策和实践以及国际减贫经验等方面的优势，加强和国际机构在这些方面的合作，拓宽和国际机构减贫合作的领域。

第十章

展望:
迈向共同富裕

党的十八大以来，习近平总书记把脱贫攻坚作为全面建成小康社会的底线任务和标志性指标，亲自挂帅出征、驰而不息推进，走遍全国集中连片特困地区，国内考察多次涉及扶贫，在许多重要会议上都强调扶贫，每年扶贫日期间出席重大活动或作出重要指示，每年听取脱贫攻坚成效考核汇报。针对不同阶段、不同方面的重点工作，习近平总书记连续6年召开7次座谈会，分析形势任务，作出工作部署，督促各地区各部门抓好落实，保证了脱贫攻坚的正确方向和良好态势。习近平总书记关于扶贫工作的重要论述，是打赢脱贫攻坚战的科学指南。

2020年3月6日，习近平总书记在新冠肺炎疫情防控的关键时刻，在距离打赢脱贫攻坚战还有300天的时间节点，在北京召开第七次也是规模最大的一次脱贫攻坚座谈会，进行再动员、再部署。习近平总书记在决战决胜脱贫攻坚座谈会上的重要讲话，不仅为脱贫攻坚战收官之年、决胜脱贫攻坚提供了根本遵循，而且指明了中国特色减贫道路的发展方向。决胜脱贫攻坚的指导思想及其实践成就、基本经验必将成为中国特色减贫道路丰富内涵的重要内容，不仅指引了关于2020年后中国减贫战略研究的设想，也勾勒了中国特色减贫道路的发展方向。

一、决战决胜脱贫攻坚

2020年是决胜全面小康社会、决战脱贫攻坚之年，是党中央确定的全面完成脱贫攻坚战目标任务的时间节点。决战决胜脱贫攻坚，必须以习近平总书记在决战决胜脱贫攻坚座谈会上的重要讲话为指引，客观分析面临的困难挑战，把中央的各项决策部署落地落实。

1. 决胜脱贫攻坚的根本遵循

习近平总书记在决战决胜脱贫攻坚座谈会上的重要讲话为决胜脱贫攻坚注入强大动力。总书记强调，到2020年现行标准下的农村贫困人口全部脱贫，是党中央向全国人民作出的郑重承诺，必须如期实现，没有任何退路和弹性。这是一场硬仗，越到最后越要紧绷这根弦，不能停顿、不能大意、不能放松。这些重要论述，充分体现了中国共产党以人民为中心的发展理念，充分体现了新发展理念对脱贫攻坚的统领，极大增强了各地各部门带领全国人民克服新冠肺炎疫情影响、以更大决心更强力度夺取脱贫攻坚战全面胜利的政治责任和使命担当，进一步凝聚了全党全国全社会攻坚克难的勇气和力量。

进一步坚定打赢脱贫攻坚战的信心决心。习近平总书记充分肯定了脱贫攻坚取得的决定性成就，并指出，现在，脱贫攻坚政策保障、资金支持和工作力量是充足的，各级干部也积累了丰富经验，各方面都在加大支持力度，只要大家绷紧弦、加把劲，有力有序把党中央既定部署落实好，完全有条件有能力把耽误的时间抢回来、把滞后的工作赶回来、把造成的损失补回来，如期完成脱贫攻坚任务。这些重要论述，是在全面总结脱贫攻坚实践基础上得出的科学论断，是鼓舞全国人民斗志和士气的重要认识，极大增强了全党全社会打赢脱贫攻坚战的必胜信心和坚定决心。

指明了夺取脱贫攻坚战全面胜利的前进方向。习近平总书记指出，脱贫攻坚战不是轻轻松松一冲锋就能打赢的。剩余脱贫攻坚任务虽然同过去相比总量不大，但都是贫中之贫、困中之困，是最难啃的硬骨头。巩固9300多万人的脱贫成果任务很重。脱贫攻坚工作中还不同程度地存在松劲懈怠、精力转移、形式主义、官僚主义、弄虚作假、不精准等问题，突如其来的新冠肺炎疫情带来了新的挑战。从决定性成就到全面胜利，面临的困难和挑战依然艰巨，决不能松劲懈怠。这些重要论述是习近平总书记立足全局作出的科学判断，要求全党要始终保持清醒头脑，保持攻坚态势，努力克服疫情影响，攻坚克难完成任务，多措并举巩固成果，保持脱贫攻坚政策稳定，严格考核开展普查，接续推进全面脱贫与乡村振兴有效衔接，加强党对脱贫攻坚的领导，为决胜脱贫攻坚指明了前进方向。

阐述了决胜脱贫攻坚的行动指南。习近平总书记强调，脱贫攻坚越到最后越要加强和改善党的领导。各省区市都层层签了军令状，承诺了就要兑现。时间一晃就过去了，上上下下必须把工作抓得很紧很紧。贫困群众"两不愁"质量水平明显提升，"三保障"突出问题总体解决，但稳定住巩固好还不是一件容易的事情。要保证资金投入，加强资金监管。要深化东西部扶贫协作和中央单位定点扶贫。要加强扶贫领域作风建设。这些重要论述要求，决胜脱贫攻坚必须继续坚持发挥各级党委总揽全局、协调各方的作用，落实脱贫攻坚一把手负责制，省市县乡村五级书记一起抓，为脱贫攻坚提供坚强政治保证。继续坚持目标标准，坚持精准方略，把提高脱贫质量放在首位，确保如期高质量完成脱贫攻坚目标任务。继续保持扶贫投入与脱贫攻坚相适应，围绕脱贫攻坚项目精准使用、提高使用效率和效益，强化监管、做到阳光扶贫廉洁扶贫。深化东西部扶贫协作和中央单位定点扶贫，当前最突出的任务就是帮助中西部地区降低疫情对脱贫攻坚的影响，长远上要立足国家区域发展总体战略，深化区域合作，实现共同发展。要继续坚持全国一盘棋，持续深化大扶贫格局，凝聚决战决胜脱贫攻坚的强大合力。继续坚持把全面从严治党要求贯穿脱贫攻坚工作全过程和各环节，确保扶贫工作务实、脱贫过程扎实、脱贫结果真实，脱贫成效经得起实践和历史检验。还要继续坚持依靠人民群众，与扶志扶智相结合，实现可持续发展。

2. 客观分析决胜脱贫攻坚的困难挑战

习近平总书记关于决战决胜脱贫攻坚的重要论述为决胜脱贫攻坚提供了科学指引，脱贫攻坚战取得的成就、积累的经验和形成的机制，奠定了决胜脱贫攻坚的坚实基础。同时，我们也要清醒地认识到，脱贫攻坚从决定性成就到全面胜利，面临的困难和挑战不可低估，面临的任务依然艰巨复杂。

如期实现脱贫攻坚目标巩固脱贫成果任务艰巨。从剩余脱贫攻坚任务完成看难度很大，全国还有52个贫困县未摘帽、2707个贫困村未退出、551万贫困人口未脱贫，主要集中在深度贫困地区。特别是"三区三州"地区，不仅贫困发生率高、贫困程度深，而且基础条件薄弱、致贫原因复杂、发展滞后较多、公共服务不足，脱贫难度极大。剩下的贫困人口，虽然同过去相比总量不大，但都是贫中之贫、困中之困，解决难度大成本高，是最难啃的硬骨头。从实现稳定脱贫看压力不小，全国已脱贫的9300万人口大部分仅仅摆脱了绝对贫困，要稳定住、巩固好"两不愁三保障"成果，进而实现稳定脱贫、自主发展，还需要"扶上马、送一程"。根据建档立卡数据统计，已脱贫人口中有近200万人存在返贫风险，边缘人口中有近300万人存在致贫风险。易地扶贫搬迁近1000万贫困人口，如何帮助搬迁人口稳得住、能致富，任务艰巨。

新的致贫因素和贫困群体给全面脱贫带来新的挑战。主要是两个方面：一方面，新冠肺炎疫情的影响。疫情使贫困劳动力外出务工受阻，部分贫困劳动力有1—3个月无务工收入。疫情使贫困户生产经营受阻，生产和消费能力下降，影响产业扶贫增收。疫情使扶贫项目开工受阻，扶贫项目开工时间普遍延迟，项目效益必然受到不利影响。疫情还会影响尚未脱贫或刚刚脱贫人口的信心，"等、靠、要"的思想抬头。另一方面，经济社会发展面临的新挑战新困难的影响。我国经济发展正处于转型时期，加上疫情、国际市场剧变等因素，必然通过就业市场竞争要求提高、产品流通不畅、企业投资意愿降低、部分生产资料价格上涨等渠道逐步给贫困地区贫困群众带来不利影响，增加脱贫成本，巩固脱贫成果难度加大，返贫风险加大。

脱贫攻坚工作中存在的突出问题还没有得到彻底解决。主要体现在：一是松劲懈怠问题。一些地方出现了工作重点转移、投入力度下降、干部精力分散的现象。二是形式主义、官僚主义问题。会议多、填表多、检查多现象屡禁不止，"算账式"脱贫、"突击式"脱贫等数字脱贫、虚假脱贫仍有发生。三是一些地方打着脱贫攻坚旗号大举借债、盲目拔高脱贫标准等问题也还没有得到根本制止。四是不少地方扶贫扶志扶智结合的办法方式不多，部分贫困群众发展的内生动力不足。

3. 攻坚克难完成决胜脱贫攻坚的重点任务

习近平总书记指出，关于脱贫攻坚战最后一年的工作，《中共中央、国务院关于抓好"三农"领域重点工作的确保如期实现全面小康的意见》已经作出部署，各地各部门要抓好贯彻落实。

完成剩余贫困人口脱贫和贫困县摘帽任务。一是进一步聚焦重点地区和突出问题，集中力量有序有效打好深度贫困歼灭战。加快推进"三区三州"等深度贫困地区脱贫攻坚实施方案，统筹各方面资源持续向深度贫困地区聚焦发力，召开"三区三州"脱贫攻坚现场推进会解决问题。认真落实关于开展挂牌督战工作的指导意见，对未摘帽的52个县和贫困人口多、脱贫难度大的1113个村挂牌督战，组织动员民营企业和社会组织与1113个贫困村结对帮扶。各省区市对本辖区内的挂牌对象负总责，统筹各类资源，采取特殊措施，加大工作力度，确保完成脱贫任务。二是做好问题排查工作，全面解决"两不愁三保障"问题。全面排查辍学、基本医疗未保障、住危房、饮水安全有问题等人口数量、表现形式，逐一帮扶、销号。在梳理排查中，要坚持现行标准，既不能拔高标准、吊高胃口，也不能降低标准、影响质量。统筹落实好养老、医疗、低保、救助等社会保障措施，对无法依靠产业就业帮扶脱贫的特殊贫困人口，实现应保尽保，确保这些特殊贫困人口的基本生活得到切实保障。三是精准施策，坚决克服新冠肺炎疫情对全面脱贫的不利影响。建立新冠肺炎疫情影响分析应对机制，组织驻村干部全部进入工作岗位，分区分级精准施策，坚持疫情防控和脱贫攻坚两手抓。在企业复工复产、重大项目开工建设、物流体系建设等方面，优先组织和使用贫困劳动力，开展东西部扶贫劳务协作，"点对点"帮助贫困劳动力尽快有序返岗。调整使用财政专项扶贫资金，落实扶贫小额信贷政策，支持扶贫龙头企业、扶贫车间尽快复工，规范光伏扶贫公益岗位设置，吸纳贫困劳动力就近就业。开展消费扶贫行动，组织产销对接，解决贫困地区农畜产品销售难问题。调整完善脱贫攻坚项目库，调整使用扶贫资金，简化流程、提高效率，推进扶贫项目建设，继续改善贫困地区贫困群众的生产生活条件，提升公共服务水平。

巩固脱贫攻坚成果确保稳定脱贫。一是巩固9300多万已脱贫人口的脱贫成果。在产业扶贫方面，要继续推动贫困地区因地制宜发展特色产业，完善带贫机制，继续加大产业扶贫力度。加强贫困村创业致富带头人培养，落实扶贫小额信贷政策。要加大消费扶贫力度，着力解决扶贫产品销路问题，推动产业扶贫项目长期有效、实现贫困群众稳定增收。在就业扶贫方面，要继续推进劳务扶贫协作，加强就业技能培训。劳务输入地要千方百计加大对贫困家庭劳动力稳岗就业的工作力度。贫困地区要加强扶贫车间建设，提升带贫能力，给贫困家庭劳动力提供更多就地就近稳定就业的机会。在易地扶贫搬迁后续扶持方面，要把集中搬迁安置区作为重点，集中力量解决好搬迁群众产业、就业、基本公共服务、社区治理、社会融入等问题，确保搬得出、稳得住、有就业，逐步能致富，防止出现后遗症。在扶贫与扶志扶智结合方面，要加强政策引导，动员贫困群众参与项目实施，防止政策"养懒汉"。加强典型示范，对自力更生、主动脱贫的人员，探索给予物质奖励和精神激励。发挥村规民约作用，开展对陈规陋习、不赡养老人等现象的治理，引导贫困群众养成健康文明生活方式。二是建立防止返贫监测和帮扶机制。对脱贫不稳定户、边缘易致贫户以及因疫情或其他原因收入骤减或支出骤增户加强监测，提前采取针对性的帮扶措施。对有劳动能力的贫困边缘人口，给予扶贫小额贷款贴息、技能培训、扶贫公益岗位等扶贫政策支持。

保持脱贫攻坚政策稳定提高脱贫质量。一是稳定有效的脱贫攻坚政策。对退出的贫困县、贫困村和贫困人口，保持现有帮扶政策支持和工作力度不减，驻村工作队不撤，深化东西部扶贫协作和中央单位定点扶贫。加大产业、就业扶贫力度，帮助贫困人口建立稳定增收渠道。加大易地扶贫搬迁后续扶持力度，重点完善解决搬迁群众产业、就业、基本公共服务、社区治理、社会融入等问题的政策举措，确保搬得出、稳得住、有就业，逐步能致富。统筹安排专项扶贫资金支持非贫困县、非贫困村贫困人口脱贫，防止出现死角盲区。二是坚持脱贫标准。脱贫攻坚解决的是绝对贫困问题，脱贫标准就是贫困人口稳定实现"两不愁三保障"。攻坚期内要始终坚持这个标准，既不能脱离实际、拔高标准、吊高胃口,更不能虚假脱贫、降低标准、影响成色。三是克服松劲懈怠。针对有的地方脱贫摘帽后对脱贫攻坚的重视程度、资金投入、驻村帮扶工作力度明显减弱等现象,要严格落实摘帽不摘责任、不摘政策、不摘帮扶、不摘监管的要求,确保脱贫攻坚责任落实、政策落实、工作落实。四是严格考核验收。继续开展脱贫攻坚督查巡查和成效考核,加强常态化督导,及时发现和整改问题。对各地宣布脱贫摘帽的县进行抽查,严把退出质量关。组织开展国家脱贫攻坚普查,全面调查脱贫结果的真实性、准确性。

二、巩固拓展脱贫攻坚成果同乡村振兴有效衔接

习近平总书记指出,对退出的贫困县、贫困村、贫困人口,要保持现有帮扶政策总体稳定,扶上马送一程。可以考虑设个过渡期,过渡期内,要严格落实摘帽不摘责任、摘帽不摘政策、摘帽不摘帮扶、摘帽不摘监管的要求,主要政策措施不能急刹车,驻村工作队不能撤。要加快建立防止返贫监测和帮扶机制,对脱贫不稳定户、边缘易致贫户以及因疫情或其他原因收入骤减或支出骤增户加强监测,提前采取针对性的帮扶措施,不能等他们返贫了再补救。习近平总书记明确要求,接续推进全面脱贫与乡村振兴有效衔接。脱贫摘帽不是终点,而是新生活、新奋斗的起点。要针对主要矛盾的变化,理清工作思路,推动减贫战略和工作体系平稳转型,统筹纳入乡村振兴战略,建立长短结合、标本兼治的体制机制。这项工作,中央有关部门正在研究。总的要有利于激发欠发达地区和农村低收入人口发展的内生动力,有利于实施精准帮扶,促进逐步实现共同富裕。有条件的地方,也可以结合实际先做起来,为面上积累经验。习近平总书记的重要论述,指明了中国减贫工作实现转型的方向、步骤和重点,实际上指出了中国特色减贫道路的发展方向。

1. 设立脱贫攻坚过渡期

习近平总书记关于设立过渡期的重要论断，指明了打赢脱贫攻坚战后开展减贫工作的方式方法和主要内容。脱贫攻坚过渡期的目的就是巩固脱贫成果，确保不出现大规模返贫，为探索从集中攻坚的扶贫状态向常态化治理转变的体制机制及路径模式留出时间。

在过渡期内，巩固贫困县、贫困村、贫困人口脱贫成果的主要路径为：

一是保持现有帮扶政策总体稳定。特别是资金支持、"五个一批"的相关支持政策、驻村帮扶、社会扶贫等政策继续稳定，总体上是做到严格落实摘帽不摘责任、摘帽不摘政策、摘帽不摘帮扶、摘帽不摘监管的要求。

二是建立防止返贫监测和帮扶机制。对脱贫不稳定户、边缘易致贫户以及因疫情或其他原因收入骤减或支出骤增户加强监测，提前采取针对性的帮扶措施，降低这些人群的脆弱性，避免返贫。

2. 推动减贫战略和工作体系平稳转型

习近平总书记关于推进减贫战略和工作体系转型的重要论述，明确了2020年后中国减贫实现战略转型的方向和重点。

一是要凝聚共识。脱贫摘帽不是终点，脱贫攻坚解决的只是绝对贫困问题，是全面小康的底线。实现更高水平的小康，仍然需要继续努力奋斗。

二是减贫工作统筹纳入乡村振兴战略。乡村振兴战略是党的十九大提出的七项国家发展战略之一，是社会主义现代化进程中"三农"工作的总抓手。减贫工作纳入乡村振兴战略，有利于夯实脱贫基础、巩固拓展脱贫成果，有利于通过乡村产业振兴、人才振兴、文化振兴、生态振兴、组织振兴等稳定提高低收入人口生活水平，有利于解决好发展不平衡不充分的问题、加快推进农业农村现代化。需要注意的是，乡村振兴不可能自动地实现带贫减贫，共享式乡村振兴将成为未来中国农村发展模式的鲜明特征。

三是建立长短结合、标本兼治的体制机制。就是要建立解决相对贫困的长效机制。立足当前，面向长远，与缓解相对贫困的长期性相适应，久久为功。既要治标，更要治本，与缓解相对贫困的艰巨性复杂性相适应，标本兼治。注重完善体制机制，推动法制化减贫，不断推进国家减贫治理体系和治理能力现代化。

3. 促进逐步实现共同富裕

习近平总书记关于促进逐步实现共同富裕的重要论述，阐述了2020年后中国减贫工作的功能、目标和实现方法。2020年后中国减贫工作的内容就是缓解相对贫困。根本目标就是激发、培育、提升欠发达地区和农村低收入人口发展的内生动力。只有形成了内生动力，才能实现稳定脱贫。

促进逐步实现共同富裕的主要方法和途径：一是实施精准帮扶。二是有条件的地方，可以结合实际开展解决相对贫困问题的试点试验，为面上积累经验。

三、迈向共同富裕

2020年，中国全面夺取脱贫攻坚战的全面胜利，历史性地解决千百年来困扰中华民族的绝对贫困问题。但是，中国作为全球最大的发展中国家的性质没有变，中国处于社会主义发展阶段的国情没有变，中国脱贫攻坚解决的仅仅是绝对贫困问题的现实没有变。同时，贫困的特征和表现形式会变，人民对美好生活的向往内涵会变，缩小发展差距、促进共同富裕的总目标对减缓贫困的要求会变。

习近平总书记在全国脱贫攻坚总结表彰大会上指出，脱贫攻坚战的全面胜利，标志着我们党在团结带领人民创造美好生活、实现共同富裕的道路上迈出了坚实的一大步。同时，脱贫摘帽不是终点，而是新生活、新奋斗的起点。解决发展不平衡不充分问题、缩小城乡区域发展差距、实现人的全面发展和全体人民共同富裕仍然任重道远。由此可见，2020年后中国在开启第二个百年奋斗目标的历史进程中，以巩固拓展脱贫攻坚成果、全面推进乡村振兴为主要目标的未来中国特色减贫道路，将具有鲜明的时代特征。

1. 体现建立巩固拓展脱贫攻坚成果长效机制的多重属性

一是政治性。这是由中国共产党的性质决定的。稳定脱贫成果，最能体现中国共产党的初心和使命，最能体现以人民为中心的发展思想，最能体现我们党的宗旨和社会主义的本质要求。实现巩固拓展脱贫攻坚成果同乡村振兴有效衔接，是中国共产党向第二个百年奋斗目标进军的需要，是在提前10年完成联合国2030年发展议程减贫目标的基础上继续引领全球减贫事业、为全人类做出更大贡献的需要。

二是长期性。绝对贫困是相对的，防止贫困、提高脱贫人口收入是绝对的，任何社会，即使是发达国家，总会存在一定比例的低收入人口。2020年后实现巩固拓展脱贫攻坚成果同乡村振兴有效衔接，是解决新时代不平衡不充分发展主要矛盾的重要举措，是实施乡村振兴战略的重要基础，是逐步实现共同富裕的重要途径，是实现中华民族伟大复兴中国梦的应有之义。显然，这是一个长期的过程。

三是现实性。中国是全球最大的发展中国家，人口众多，不管采取什么标准，需要帮扶的低收入人口规模都不会小，短期内很难像西方国家那样主要通过福利救济兜底解决。长期以来，中国坚持开发式扶贫，不仅减贫效果明显，而且增强贫困人口的劳动技能，提升了整个民族的整体素质，为国家特别是贫困地区增加了人力资本供给，走出了独具中国特色的减贫道路。显然这条道路符合中国国情。

四是多维性。首先是致贫原因多维。收入不平等，主要是城乡收入差距大，地域间农民收入差距逐渐扩大，农民内部收入不平等加剧。收入水平提高但有可能不足以抵御风险，资产和社会保障不能满足疾病、自然灾害、教育等风险支出需要；贫困户的市场风险性是转型性次生贫困的主要原因。其次是贫困主体多元化，体现在需要帮扶人口主要包括三类人群：丧失劳动力人群，教育水平低人群和健康水平低人群，应对风险能力差人群。最后，无论如何衡量，依然存在一部分深度贫困地区。

2. 体现区域精准扶贫与到村到户精准扶贫相结合

首先，实施区域政策精准解决制约脱贫地区和脱贫人口发展的外部约束。加大物质基础设施投入、市场信息供给、劳动力技能培训、合作性组织建设、技术推广及其他社会化服务供给。加强区域性投入，重点解决基础设施、公共服务和生态建设问题，补齐短板。通过增强基础设施投资、改善基本公共服务、进行文化教育、短期和长期帮扶相结合为脱贫人口巩固脱贫创造有利的发展环境。

其次，着力创新开发式扶贫政策提升一般低收入人口向上流动的能力。通过教育和健康扶持积累和提升人力资本，利用产业和金融政策机制设计提高参与产业的组织化程度，有劳动力且有劳动意愿的贫困农户如果能够参加扶贫项目，其收入增长速度将会非常可观。

再次，实施"精准滴灌"式扶贫政策为特殊困难需要帮扶人口兜底。针对劳动能力低下或者无劳动能力等特殊贫困人群，建立"精准滴灌"式保障体系，实施社会救助、生活照料服务、营养健康干预和养育服务等，为特别需要帮助的、有潜在贫困风险的弱势群体提供服务。创新机制解决独居和空巢老年人贫困问题，用精神扶贫解决光棍、懒汉贫困问题，加强精神疾病治疗和康复管理，解决精神障碍患者贫困问题，提供精准康复服务，解决残疾人贫困问题，注重儿童早期发展，解决儿童贫困问题。

最后是探索建立城乡一体化低收入群体治理体系应对城乡流动中的返贫风险问题。有条件的地方，探索打破城乡分治的二元扶贫模式，促进城乡减贫一体化融合，建立城乡一体的扶贫模式，如在城乡居民医保、养老逐步并轨的基础上，推进城乡居民低保、就业、创收、义务教育、住房保障等领域的并轨。

3. 体现多元政策组合的综合性巩固拓展脱贫攻坚成果体系

绿色减贫政策体系。把增加生态产品和生态服务供给作为减贫发展的新路径。欠发达地区可以充分发挥特殊资源优势，提供特殊产品和服务，在保护生态环境的同时，促进区域经济发展和居民收入增加。

志智双扶政策体系。加大教育培训和科技普及力度，提倡理性信仰和家庭伦理等，积极、主动、有效地对"自愿贫困"人群进行"意愿校正"，使之更积极、更有效地融入时代发展的潮流，激发内生动力，使之想脱贫致富、会脱贫致富、能脱贫致富。

加强完善立体式低收入弱势群体救助法律体系。

促进城乡基本服务均等化的政策体系。集中救助职能，整合多个部门所管理的社会救助内容，实行大部制，构建城乡一体的社会保障救助体系。通过有步骤、分阶段推动城乡基本公共服务内容和标准统一衔接，基本公共服务的供给水平不断提高，服务可得性、可及性大幅提升，城乡就业、基本养老保险制度、最低生活保障制度、基本医疗卫生制度逐步实现统筹，共同富裕的短板得以补齐，城乡居民的"获得感"不断提升。

就业帮扶政策体系。从帮扶救助的制度设计上增加就业激励，对有劳动能力的贫困者进行职业培训，制定更加完备的社会保障制度和最低工资制度。实行分类精准救助，从关注群体性帮扶转变为关注个体帮扶，尤其是儿童、老年人与残疾人。

4. 体现更加完善的大扶贫格局

继续充分发挥政府主导作用。通过完善产业就业、易地扶贫搬迁、生态、健康教育、兜底保障等精准帮扶机制持续增强农村低收入人口的自我发展能力。通过实施路、水、电、气、房、网、人居环境、文化、科技、人才等精准帮扶工程继续提高欠发达地区和农村低收入人口的公共服务基础设施水平。通过组织城市帮扶乡村、东西部扶贫协作、中央单位定点帮扶以及高校、社会组织、民营企业、外资企业、国际组织、公民个人、社会工作等社会精准帮扶行动，促进欠发达地区乡村治理体系和治理能力现代化进程。继续实施财政扶贫资金、扶贫小额信贷、驻村帮扶、产业就业帮扶、治理能力建设等重点支持政策。

更充分鼓励社会力量参与。社会救助要由单纯的救济式救助向开放式救助转变，构建政府、市场、社会"三位一体"的大救助发展格局，创新社会救助机制，让市场在资源配置中起决定性作用，更加广泛、更为有效地动员社会各方的整体参与，整合救助资源，形成救助帮扶发展合力。在"管办分开"社会组织政策框架下，社会组织资源供给和扶贫需求实现更有效对接，政府更多通过向社会力量购买减贫服务实现帮扶责任，同时不断完善贫困农户的参与机制，逐步缩小城乡居民生活质量差距。

5. 体现共建没有贫困共同发展人类命运共同体的价值取向

加强国际减贫合作，助力没有贫困的人类命运共同体构建的作用更加凸显。多年来，中国不断加强国际领域减贫合作交流，不仅为发展中国家提供减贫方略与经验，还在发展教育、农业现代化和医疗保健等方面向亚洲、非洲、拉丁美洲和大洋洲的数十个发展中国家和地区提供援助；设立南南合作与发展学院，"一带一路"的倡议，推动成立亚洲基础设施投资银行，这些措施有力推动了减贫的国际交流，助力其他国家探索本国脱贫道路。2020年后，中国与国际社会在减贫战略方面的沟通、交流、合作、双赢潜力巨大、情景广阔，建立和加强区域性、国际性减贫合作，携手各国推进全球减贫事业发展，将成为中国面向2030年减贫战略的重要选择，必然成为中国特色减贫发展道路的前进方向。

后　记

2020年底，中国已取得消除农村绝对贫困的伟大历史成就。回顾中国减贫历史，习近平总书记指出，"经过改革开放三十七年来的努力，我们成功走出了一条中国特色扶贫开发道路，使七亿多农村贫困人口成功脱贫，为全面建成小康社会打下了坚实基础。"[1]"中国是世界上最大的发展中国家，一直是世界减贫事业的积极倡导者和有力推动者。改革开放三十多年来，中国人民积极探索，顽强奋斗，走出了一条中国特色减贫道路。"[2]

中国特色减贫道路是历史与现实的结合。从新中国成立，特别是20世纪80年代开始开展大规模扶贫，中国减贫经历了70多年的历程，形成了各具特色的不同减贫阶段，并在党的十八大以后进入精准扶贫时期。在这个历史过程中，减贫的标准不断提高、减贫的投入不断增加，减贫的政策也不断丰富。

中国减贫道路也是理论与实践的结合，在大规模减贫过程中，中国形成了具有中国特色的扶贫理论和丰富的实践经验。中国扶贫强调党的领导、政府主导，同时动员社会力量广泛参与，激发贫困人群的内生动力，在目标瞄准、资金动员和管理、扶贫成效的监测评估、国际合作等方面，形成了中国特色的减贫经验。

回顾和总结中国特色减贫道路，不仅有助于全面认识中国是如何取得减贫的巨大成绩，而且为全球贡献了减贫知识。

感谢原国务院扶贫办（2021年初更名为"国家乡村振兴局"）全国扶贫

---

[1]《习近平扶贫论述摘编》，中央文献出版社2018年版，第13页。
[2]《习近平扶贫论述摘编》，中央文献出版社2018年版，第151页。

宣传教育中心的项目支持和组织协调，使我们有机会参与对中国减贫道路的总结，特别感谢全国扶贫宣传教育中心骆艾荣副主任、阎艳副处长的协调和组织。

本书各章作者分别是：

第一章、第十章：黄承伟（国家乡村振兴局中国扶贫发展中心主任、研究员）；

第二章：陆汉文（华中师范大学社会学院教授、博士生导师，中部地区减贫与发展研究院院长）；

第三章：向德平（华中科技大学社会学院教授、博士生导师，中国减贫发展研究中心主任）、宋佳奇（武汉大学社会学院博士研究生）；

第四章：王晓毅（中国社会科学院大学社会学院中国社会科学院社会学研究所研究员）；

第五章：向德平、于小清（武汉大学社会学院博士研究生）；

第六章，左停（中国农业大学人文与发展学院教授、博士生导师）、刘文婧（中国农业大学人文与发展学院博士研究生）；

第七章：于树一（中国社会科学院俄罗斯东欧中亚研究所副研究员、硕士生导师）、黄潇（中国社会科学院大学政府政策系博士研究生）；

第八章：张琦（北京师范大学经济与资源管理研究院教授、博士生导师，中国扶贫研究院院长）、张涛（北京师范大学统计学院博士后）；

第九章：唐丽霞（中国农业大学人文与发展学院教授、博士生导师）、谭璐（中国农业大学人文与发展学院博士研究生）。

黄承伟研究员和王晓毅研究员通读修订了全部书稿，阿妮尔博士参与了书稿的定稿工作。

感谢各有关方面为本书撰写、出版给予的支持帮助。

不妥之处，敬请批评指正。

黄承伟　王晓毅

2020 年 5 月第一稿

2020 年 10 月第二稿

2021 年 8 月定稿